国家行政学院教学科研基地教材

新型城镇化在红色瑞金

张贵孝 杜正艾 主编

国家行政学院出版社

图书在版编目（CIP）数据

新型城镇化在红色照金 / 张贵孝，杜正艾主编. —北京：国家行政学院出版社，2016.4
ISBN 978-7-5150-1766-2

Ⅰ.①新… Ⅱ.①张… ②杜… Ⅲ.①城市化-研究-中国 Ⅳ.①F299.21

中国版本图书馆 CIP 数据核字（2016）第 075783 号

书　　名　**新型城镇化在红色照金**
作　　者　张贵孝　杜正艾　主编
责任编辑　吴蔚然
出版发行　国家行政学院出版社
　　　　　（北京市海淀区长春桥路 6 号　　100089）
　　　　　（010）68920640　68929037
　　　　　http：//cbs.nsa.gov.cn
编 辑 部　（010）68928764
经　　销　新华书店
印　　刷　北京九州迅驰传媒文化有限公司
版　　次　2016 年 4 月北京第 1 版
印　　次　2016 年 4 月北京第 1 次印刷
开　　本　787 毫米×1092 毫米　16 开
印　　张　15.5
字　　数　173 千字
书　　号　ISBN 978-7-5150-1766-2
定　　价　48.00 元

本书如有印装质量问题，可随时调换。联系电话：（010）68929022

以照金为中心的陕甘边革命根据地，在中国革命史上写下了光辉的一页。要加强对革命根据地历史的研究，总结历史经验，更好发扬革命精神和优良作风。

——习近平

（摘自 2015 年 2 月 14 日习近平总书记视察照金时的讲话）

习近平春节前夕赴陕西看望慰问广大干部群众 *

向全国人民致以新春祝福
祝祖国繁荣昌盛人民幸福安康

　　农历羊年春节来临之际，中共中央总书记、国家主席、中央军委主席习近平来到陕西，看望慰问广大干部群众，向全国各族人民致以新春祝福，祝伟大祖国繁荣昌盛、各族人民幸福安康。

　　2015年2月14日下午，习近平来到铜川市耀州区照金镇考察。照金是一块英雄的土地。20世纪30年代初，在极其艰难困苦的情况下，刘志丹、谢子长、习仲勋等老一辈革命家在这里英勇开展革命活动，组建了中国工农红军第二十六军，成立了陕甘边特委和陕甘边革命委员会，创建了以照金为中心的陕甘边革命根据地。习近平向陕甘边革命根据地英雄纪念碑敬献花篮，参观了陕甘边革命根据地照金纪念馆，考察了当年红二十六军和陕甘边区游击队在山崖上利用天然洞穴修建的薛家寨革命旧址。他指出，以照金为中心的陕甘边革命根据地，在中国革命史上写下了光辉的一页。要加强对革命根据地历史的

---

　　* 本文中的三张照片均来自于人民网—中国共产党新闻网，［图集］习近平陕西考察全纪录，2015年2月15日。

研究，总结历史经验，更好地发扬革命精神和优良作风。

习近平还来到照金村村委会，听当地发展情况和规划的介绍。他希望村党支部和村委会的干部团结一心，把乡亲们的事情办好。习近平问围拢上来的村民年货办了吗？孩子上学方不方便？还有什么困难？村民们回答党的政策好、农村有奔头、农民有盼头。习近平祝乡亲们春节愉快，祝老区人民生活越来越好。

——摘自《人民日报》2015年2月17日第1版

农历羊年春节来临之际，2月13日至16日，中共中央总书记、国家主席、中央军委主席习近平来到陕西，看望慰问广大干部群众，向全国各族人民致以新春祝福，祝伟大祖国繁荣昌盛、各族人民幸福安康。图为2月14日下午，习近平在向陕甘边革命根据地英雄纪念碑敬献花篮后参观纪念碑周围浮雕。

习近平在陕甘边革命根据地纪念馆参观

习近平祝乡亲们春节愉快，祝老区人民生活越来越好

照金魅力

近年来,陕西省经济综合实力大幅提升,工业化进程明显加快,人民生活得到显著改善,区域发展更加协调,生态环境建设成效显著,有力地促进了城镇化快速发展。陕西省城镇化率由 2005 年的 37.24％提高到 2014 年的 52.57％,年均增加 1.53 个百分点,高于全国平均增速 0.35 个百分点。

在城镇化建设中,陕西省各地立足资源禀赋,因地制宜探索产镇融合、就地城镇化等方式,走出了各具特色的新型城镇化发展路径。铜川市耀州区照金镇城镇化探索在以下几个方面积累了经验。第一,城镇化建设突出红色即民生、无伤痕开发等"照金特色"。第二,重视产镇良性互动,增强城镇产业发展、吸纳就业、聚集人口功能。第三,积极推动公共服务均等化,使老区人民在一样的土地上,过上了不一样的生活。第四,将生态文明理念贯穿于城镇化建设始终。这些有益经验散发出的独特魅力值得各地推进新型城镇化建设借鉴,具有推广价值。

照金魅力是红色之美。1933 年,刘志丹、谢子长、习仲勋等在此建立了以照金为中心的陕甘边革命根据地,开展建党、建军、建政工作,在中国革命史上写下了光辉的一页。1935 年 2 月,陕甘边根据地与陕北根据地统一为西北根据地。全面抗战爆发后，西北根据地改制为陕甘宁边区，红军改编为八路军，出师抗日。在艰苦卓绝的革命斗争中，照金这片红土地上诞生了伟大的照金精神，为我们党孕育和发展红色基因作出了重要贡献。正如毛泽东在七大预备会议上所说："陕北有两点，一是落脚点，一是出发点，没有陕北就不能下地。"西北根据地在中国革命史上、中国共产党历史上写下了光辉的一页，它的主要创建者刘志丹、谢子长、习仲勋等的丰功伟绩，将永远铭记在人民心中。

照金魅力是环境之美。规划合理、设施配套，镇容整洁、绿化美化，公共服务日臻完善、自然生态有效保护，环境宜居、宜业、宜人。蓝天、白云、红房、青山，一切都是那样的令人赞叹，令人陶醉，这就是我们见到的照金小镇风貌。与大城市的空气污染、雾霾笼罩相比，这里的环境更宜居。很多人艳羡美国加州的阳光、塞舌尔的海滩、芬兰的原始森林，其实到了照金一看，在我们身旁营造同样的美景，也不算太难。

照金魅力是人居之美。照金人住的是和城里人一样的小高楼，进门做饭自来水、天然气拧开就用，冬季是集中供暖。农民在这里过着闲时去照金牧场转转、去广场健身的惬意生活。照金镇和城市里比空气好、环境好，和原来的农村比更热闹、更繁荣。幽静的环境和相对低廉的生活成本也是许多人所向往的。

照金魅力是创新之美。陕西照金文化旅游投资开发有限公司的年轻人以创意为魂，靠奇思妙想和责任担当，独具匠心地用智慧发展新型产业，走出了一条具有鲜明照金特色的产业发展新路子。他们把照金独有的资源优势，依靠自己的聪明才智发挥到极致，使沉睡的资源变成一个个活的产业项目，取得了活化资源、美化环境、富民增收的综合效应。

　　照金魅力是民生之美。城镇化的推进让照金农民过上了城里人的生活。多元化的收入（股份收入＋土地流转收入＋商铺租金收入＋工资收入＋创业收入）为农民解除了后顾之忧。义务教育、就业服务、基本医疗卫生等城镇基本公共服务的享有，让照金农民生活得有滋有味。

　　照金魅力是闲适之美。在人们工作和生活节奏日益加快的今天，慢生活是许多人向往的生活状态。而照金镇恰恰满足了人们的这种期望，没有步履匆匆的人潮，没有堵在路途的车流，更少有"压力山大"的抱怨，照金的节奏如同一首舒缓的乐曲，不疾不徐，听从内心。

　　照金的城镇化还在路上，照金的故事还在继续。我们期待照金越变越好，不断开启小城魅力新时代。

陕西省行政学院副院长　教授　张贵孝

国家行政学院教务部副主任　研究员　杜正艾

2015 年 12 月 30 日

目 录

上　篇 >>>

红色照金

20 世纪 30 年代初，土地革命战争时期，杰出的共产党人刘志丹、谢子长、习仲勋同志在陕甘边界地区开展武装斗争，创建了以照金为中心的陕甘边革命根据地，1935 年 2 月陕甘边革命根据地与陕北根据地统一为西北根据地，并且不断地发展壮大。西北根据地是土地革命战争时期全国十多块根据地当中唯一完整保留下来的一块根据地，是中共中央和各路红军长征的落脚点，是土地革命战争后期以及抗日战争、解放战争时期中国革命的大本营，在中国革命史上占有十分重要的地位。

第一章

以照金为中心的陕甘边革命根据地

照金位于陕西省铜川市耀州区北 54 公里处，地处陕西、甘肃交界，以耀州区西北部照金镇为中心，横跨当时耀县、淳化、宜君、同官 4 县，面积 2 500 平方公里，人口 3 万~4 万。在鼎盛时期，红色武装割据区域扩展到陕甘两省 14 个县，面积数万平方公里。以照金为中心的陕甘边革命根据地是土地革命战争初期刘志丹、谢子长、习仲勋等老一辈无产阶级革命家在西北地区创立的革命根据地，是将毛主席的工农武装割据思想与陕甘边具体实际相结合的光辉典范，为西北革命的发展奠定了基础、积累了经验、培养了一批优秀人才，为中国革命做出了重要贡献。

第一节　西北革命根据地概况①

1933 年春，中共陕甘边特委、陕甘边革命委员会在铜川市照金建立，形成以照金为中心的陕甘边根据地。薛家寨保卫战失利后，刘志丹、习仲勋等开辟了以南梁为中心的陕甘边根据地。1934 年秋，红军和游击队主力返回照金，全面恢复并巩固了照金苏区。1935 年 2 月，陕甘边根据地与陕北根据地统一为西北根据地。在刘志丹等的领导下，西北根据地不断巩固发展，成为土地革命战争时期中共中央和各

---

① 中共陕西省委党史研究室. 西北革命根据地的建立巩固与发展［N］. 陕西日报，2014 - 11 - 07.

路长征红军的落脚点，八路军抗日的出发点，中国革命的大本营，在中共历史和中国现代史上写下了光辉的一页。

一、陕甘边根据地的创建

土地革命战争时期，中共陕西省委按照土地革命、工农武装割据的方针，在陕甘边和陕北地区开展了艰苦卓绝的兵运工作。经过刘志丹、谢子长等人几年的努力，1931 年，刘志丹在陕甘边界的南梁建立了共产党领导的革命武装——南梁游击队。10月，陕北游击支队（晋西游击队与保商武装合编而成）辗转来到南梁，与南梁游击队会合；次年初，先后改编为西北反帝同盟军、红军陕甘游击队，谢子长、刘志丹、阎红彦先后担任总指挥。从此，红军陕甘游击队相继出击耀县照金，在陕甘边界一带游击，开展土地革命。

1932 年秋，刘志丹、谢子长派习仲勋、李妙斋在照金发动群众，建立游击队。经中共中央批准，1932 年年底，陕甘游击队正式改编为红二十六军第二团，开始了以照金为中心的陕甘边根据地的创建。1933 年春，成立了中共陕甘边特委（书记金理科）、陕甘边红军游击队总指挥部（总指挥李妙斋、政委习仲勋）和革命委员会（主席周冬至、副主席习仲勋），实行土地革命。6月，"左"倾错误的执行者杜衡强令红二团南下，使其遭到严重损失。此时，国民党当局加紧了对照金苏区的围攻，习仲勋等于 8 月召开了具有重大意义的陈家坡会议，建立了陕甘边红军临时总指挥部，确立了正确的战略战术，保卫了照金苏区。

照金苏区陷落后，刘志丹、习仲勋等开始了创建以南梁为中心的陕甘边根据地的艰苦历程。1933年11月，恢复了红二十六军，建立了四十二师（师长先是王泰吉，后为刘志丹）。先后建立了二路、三路游击区，恢复了照金苏区。1934年2月，在南梁恢复了陕甘边区革委会（主席习仲勋）。11月4日至6日，选举产生了陕甘边区苏维埃政府（主席习仲勋、军委主席刘志丹）。此后，谢子长、马明方、张达志、贺晋年、崔田夫等人领导创建了陕北革命根据地，建立了红二十七军第八十四师。1935年1月，成立了陕北省苏维埃政府。1935年2月，建立了中共西北工委和军委，使陕甘边根据地和陕北根据地统一为西北根据地。

在刘志丹等的领导下，西北红军连克6座县城，粉碎了国民党当局对西北根据地的第二次"围剿"，巩固、扩大了西北根据地，县级苏维埃政权达31个。西北根据地的存在和发展，牵制了十多万国民党军队，减轻了各路长征红军的压力，策应了红军长征。1935年9月，迎来了先期长征到达西北根据地的红二十五军。10月，中共中央和中央红军长征到达陕北。接着，发动了直罗镇战役和东征、西征战役，巩固和扩大了西北根据地，迎来了红一、红二、红四方面军的大会师，以胜利结束了长征。

专题：1-1

红色照金

陕西、甘肃两省是中国共产党在西北地区最早建立起党组织的省份，两省的革命斗争历史相互关联、相互依存，是不可分割的整体。轰轰烈烈的大革命失败后，以刘志丹、谢子长等为代表的共产党人，按照党的八七会议决议精神，积极投身于开创陕甘两省武装革命斗争的洪流。我父亲当时只有十七岁，被党组织派往国民党军杨虎城部做兵运工作，并于1932年4月在甘肃领导发动了震惊陕甘的"两当兵变"。

1932年2月，刘志丹、谢子长等人组建了陕甘游击队，从此开始了创建革命根据地的艰苦历程。同年8月，我父亲也从两当兵变后辗转来到照金，见到了他仰慕已久的刘志丹、谢子长。在志丹伯伯支持下，我父亲又从照金返回渭北开展武装斗争。他生前曾回忆说，当时中共陕西省委尝试在渭北地区建立革命根据地，残酷的斗争实践告诉他们，在国民党统治严密的地区建立革命根据地是十分困难的。后来，父亲受中共陕西省委派遣，重返照金工作，那时红二十六军虽然已经成立，但常常在外线作战，没有建立起巩固的根据地，我父亲来到照金后，一方面对红军游击队进行整顿，一方面挨家挨户发动群众，很快在照金一带打开了新的局面。

1933年6月，由于红二十六军政委杜衡执行极"左"路线，强令红二十六军红二团南下渭华，结果损失惨重，几乎全军覆没，刘志丹、王世泰等同志生死不明。这年7月，中共陕西省委书记袁岳栋与红二十六军政委杜衡相继被捕叛变，陕西党组织遭到严重破坏，陕甘边根据地面临重大危机。敌人在叛徒的带领下加紧了对照金根据地的进攻。8月上旬，红四团、耀县游击队和王泰吉率领的起义部队撤退到照金根据地，陷于敌军的包围之中。在这生死存亡的紧急关头，由担任中共陕甘边区特委军委书记的习仲勋与特委书记秦武山等同志主持，在照金的陈家坡召开了一次重要会议。会议决定，在陕甘边区特委的统一领导下，成立陕甘边区红军临时总指挥部，统一指挥红四团、抗日义勇军、耀县游击队和各路游击队，推举王泰吉任总指挥，并经习仲勋提议，为率部南下尚未归来的刘志丹保留了副总指挥兼参谋长的职务。

半个世纪后，我父亲曾经撰文回忆陈家坡会议："陈家坡会议仍以创造和扩大陕甘边苏区为中心口号。制定了'不打大仗打小仗，积小胜为大胜，集中主力，广泛开展游击战争，开展深入的群众工作'的战略方针。实践证明，会议的决定是正确的，它对于加强党对红军和游击队的统一领导，巩固和扩大中共陕甘边根据地具有重要的历史意义。"

在中共陕西省委领导下，我父亲先后参与了领导创建照金和南梁革命根据地的斗争。从陕西照金到甘肃南梁，陕甘边革命根据地的创建有过痛苦的失败，也迎来了胜利的曙光。

1934年2月，为了统一领导根据地的政权建设和土地革命，中共红四十二师党委在华池县南梁小河沟四合台村召开群众大会，再次选举成立新的边区政权——陕甘边区革命委员会，习仲勋当选为革命委员会主席。在刘志丹和习仲勋领导下，陕甘边根据地得到很大发展，建立正式的工农民主政权的时机已经成熟。1934年11月1日，陕甘边区工农兵代表大会在华池县南梁荔园堡胜利召开。大会按照刘志丹的意见，确立了陕甘边区工农兵代表大会代表的产生办法，按照选举地区和单位人数比例产生代表，并照顾到工人、农民、军人、妇女等各个方面，层层民主选举，产生了一百多位工农兵代表，再由这些代表用无记名投票的方式，选举习仲勋为陕甘边区苏维埃政府主席，刘志丹为陕甘边区军委主席。

在南梁建立的陕甘边区苏维埃政府，是西北地区有史以来第一个通过层层选举建立的民主政权，陕甘边根据地从此迎来一个新的发展阶段，管辖着华池、赤安、庆北等陕甘边区的18个县域。

我父亲在担任苏维埃政府主席期间，与志丹伯伯等同志一起主持制定并实施陕甘边苏区的土地、财经粮食、军事、经济、文化教育、知识分子及各项社会政策和对民团、土匪、白军俘虏为主要内容的十大政策，颁布一系列法令，开办军政干部学校，发行货币，建立集市贸易，为巩固红色政权，促进边区经济和各项社会事业的发展，做了许多探索性、开创性的工作。历史证明，这些政策和法令的实施，极大地提高了根据地军民的积极性，有力地促进和加强了根据地的武装斗争、党的建设和统一战线工作，南梁地区形成了经济繁荣、社会稳定、文明向上的良好局面，是贫苦农民群众向往的好地方，成为土地革命战争后期"硕果仅存"的一块革命根据地。

在刘志丹、谢子长、习仲勋等同志领导下，陕甘边区军民众志成城，英勇奋战，粉碎了国民党军对边区的多次"围剿"，在其他革命根据地相继失守的情况下，陕甘根据地却不断发展壮大，到1935年6月，已经在二十多个县的广大农村建立了工农民主政权，使游击区扩展到三十多个县，主力红军发展到五千多人，地方游击队发展到四千多人，把长期分离的陕甘边区和陕北两块根据地连成一片，形成了面积三万平方公里，人口九十余万的红色区域。这块硕果仅存的根据地最终成为中共中央和各路红军长征的落脚点和抗日战争的出发点，这是多么伟大的贡献啊！

——摘自习远平《发扬陕甘精神　建设美好家园》
原载《陕西日报》2014年10月6日3版

图 1-1　刘志丹（左）、谢子长（中）、习仲勋（右）

图 1-2　习仲勋同志夫人齐心题写的"红色照金"

二、西北根据地的贡献[①]

在艰苦卓绝的战争年代，中国共产党在土地革命战争时期创建的中央革命根据地、鄂豫皖革命根据地、湘鄂西革命根据地等根据

---

① 薛庆超.陕甘革命根据地的历史地位［N］.光明日报，2014-06-04（14）.

地,"左"倾教条主义统治期间几乎全部丧失。只有陕甘革命根据地"硕果仅存",为中共中央和红军三大主力提供了长征"落脚点"。

1935 年 7 月、8 月、9 月的《大公报》,曾经连续报道陕甘红军活动的消息。7 月 23 日天津《大公报》报道:"陕北匪共甚为猖獗,全陕北 23 县,几无一县非赤化……全陕北赤化人民 70 余万,编为赤卫军者 20 万,赤军者 2 万。"毛泽东等中央领导人正是从《大公报》对于陕甘地区"赤化情况"的连续报道中得出结论:陕甘地区存在着刘志丹等率领的红军,具有相当实力,得到人民群众衷心拥护,建立有革命根据地。同时,到中央革命根据地汇报工作的陕西省委委员贾拓夫,长征中也多次向毛泽东介绍陕西情况。9 月 28 日,在通渭县榜罗镇召开的中央政治局常委会议,正式决定将陕甘地区作为长征"落脚点"。10 月 19 日,中共中央率领红一方面军到达西北根据地吴起镇,完成长征。

在"左"倾教条主义统治时期丧失了南方的全部革命根据地,长征中的红军三大主力无处落脚的情况下,西北革命根据地为中共中央和红军三大主力提供了"落脚点",这是西北革命根据地对中国革命的重大贡献。对此,习仲勋评价说:土地革命战争时期,陕甘地区的党组织、红军战士和人民群众,经历了长期而残酷的反革命"围剿"和来自党内"左"、右倾机会主义的干扰,历遭险阻,几经起伏,终于使红日驱散乌云,胜利的曙光映红陕甘高原的山山水水,把苏维埃的种子传播到中国西北部,在全国成为王明"左"倾教条主义路线造成各个革命根据地失败后硕果仅存的一块根据地,以后发展成为中共中央及红军主力长征的"落脚点"、抗日战争的"出发点",为中国共产党领导的中国人民解放事业做出重大贡献。

三、西北根据地发展、巩固的原因

土地革命战争后期，在国民党军队的"围剿"下，全国十几块根据地相继陷落，为什么西北根据地却能巩固和发展，并最终成为全国唯一保存完整的根据地呢？主要原因有以下六个方面。

（一）坚持工农武装割据，走武装夺取政权的道路

土地革命战争中，中共陕西组织始终坚持工农武装割据道路，不论是早期的武装起义，还是开展兵运工作、创建红军、建立根据地，都毫不动摇地执行了中央的方针。1927 年 9 月，中共陕西省委就提出了"党到农村中去，到军队中去，一切同志归支部，一切工作归支部"，对党员"实行军事训练，时时要准备武装暴动夺取政权"。从 1927 年到 1934 年的七年多时间里，省委向中央汇报和给各地组织指示近 70 件，都是对开展武装斗争、创建根据地的指导。当然，由于受中央"左"的错误的影响，有些决策也脱离了实际，甚至是错误的。但是，刘志丹、谢子长、习仲勋等始终坚持走工农武装割据、武装夺取政权的道路，使西北根据地不断扩大、巩固，进而成为中国革命的大本营。

（二）坚持党对军队的领导，采取灵活机动的战略战术

在红军的创建中，中共陕西省委高度重视党对军队的领导。在早期的武装起义中，省委强调"一切工作归支部"。在清涧起义、渭华起义建立的西北工农革命军游击支队、西北工农革命军中，都建

立了除军事主官以外的军事委员会，中共工农革命军委员会设立主席和书记，保障党的领导。尤其是渭华起义中，在工农革命军中设立了政治委员，开创了人民军队设立政委的先河，比红四军至少早了一年半。1930 年 4 月，省委明确指出："加强党的政治领导"。1930 年 9 月，刘志丹收缴了合水县太白镇陇东民团军第二十四营的枪支，组成了一支革命队伍，就建立了中共支部；1931 年年初，刘志丹组建补充团，也建立了中共支部；1931 年 10 月，由晋西游击队改编的陕北游击支队来到庆阳与南梁游击队会合，建立了中共队委会。随后建立的西北反帝同盟军、红军陕甘边游击队、红二十六军第二团、红四十二师，都建有中共组织，书记均由省委派人担任。这些举措，都保障了党对军队的领导，保障了工农武装割据战略的实施。

在根据地的创建上，刘志丹等采用灵活机动的游击战术，巩固和发展了根据地。在陕甘边根据地的军事斗争中，刘志丹等始终坚持红军主力在外线作战，地方游击队守卫苏区的战术，接连获胜。后期，红二十六军以南梁为中心，建立了二路、三路游击总指挥部，分别在照金、南梁建立和恢复了苏区。第一路游击区因为情况不清，实际上由陕甘边红军和陕北游击队共同开辟，形成"狡兔三窟"，从而扩大了红军的回旋余地。陕北根据地则以安定为中心，创建了绥（德）米（脂）佳（县）清（涧）和神（木）府（谷）两个游击区。在战术上，刘志丹等总结寺村原时期强攻王郎坡、死守五顷原、突围三嘉原失败的教训，采取在运动中消灭敌人、不打硬仗、不死守一地、积小胜为大胜的战略战术（陈家坡会议、包家寨会议主要精神），取得了主动，打开了局面。

（三）建立人民的红色政权，领导贫苦农民投身革命

革命为了人民，红军和根据地的发展离不开人民的支持。西北红军的指挥员、战斗员主要来自陕甘的贫苦农民，他们都具有强烈的革命愿望。因此，在根据地的创建中，刘志丹和他的战友们发动群众，广大贫苦农民踊跃参加革命斗争，使陕甘红军从早期的200多人，发展到1935年9月的两个正规军、9个建制团，共5 000余人。此外，还有4 000多人的游击队。根据地党组织依靠人民，在苏区建立了31个县级苏维埃政权，开展土地革命，发展经济都体现了革命为民、执政为民的理念。1934年11月，刘志丹在军政干部学校开学时讲道，"建立民主政权，使耕者有其田，使农民过上好日子"。在根据地建设中，刘志丹、习仲勋很注意发展经济，设立了集市、医院、枪械修理所、学校，还发行了货币。刘志丹、习仲勋制定的《十大政策》，对土地、财经、粮食、社会、知识分子、文化教育等关乎国计民生的大事，都做了明确的规定，最大限度地满足人民的利益，激发了广大群众参加革命的热情。

（四）坚持广泛的统一战线，团结一切力量参加革命

统一战线是革命取得胜利的三大法宝之一。刘志丹、习仲勋提出的"敌人越少越好，朋友越多越好"等观点，既丰富了毛泽东的统战思想，又在西北根据地的创建和发展中彰显了重大作用。

首先，中共组织和杨虎城部的联系始终没有中断。在中国共产党的影响下，统治陕甘的杨虎城曾多次要求加入共产党，做第二个贺龙。虽然阴差阳错，杨虎城没能履行入党手续，但始终和共产党

人保持着联系。中共陕西地方组织在杨虎城部发展了许多组织，党员前后达数百人。由于杨虎城的进步和中共组织在杨虎城部队中的发展，在一定程度上为红军和根据地的发展创造了有利条件。在杨虎城奉蒋介石命令与红军作战时，大多采用应付、提前联系好，或者草草收兵了事。中共中央到达陕北后，更是加强了同杨虎城的联系。毛泽东曾多次派人与杨虎城、杜斌丞商谈，达成了共同抗日、互不侵犯的协议。尤其是张学良、杨虎城发动的西安事变，为国共两党第二次合作打下了基础。毛泽东曾经谈到，杨虎城部队和我党的关系前前后后不断，前有魏野畴、李子洲，后有南汉宸。

同时，刘志丹等在根据地创建中还注重同国民党军队中的其他进步人士"联合"，保持关系。1932年4月2日，刘志丹在给白冠五的信中，就要求其见过去的朋友刘宝堂、曹又参、牛化东、韩练成，"告诉他们安心在位，等待作为。"这些人都为西北根据地的创建帮过忙，出过力，有的被国民党枪杀，有的在解放战争中起义，为革命做出了贡献。

第二，中共组织、红军与同情革命的民间团体保持着统战关系。1929年6月22日，中央指示省委，打入农村中现有的武装组织及秘密结社内，抓取下层群众，领导参加农村斗争。根据中央精神，陕西省委提出"加强红枪会、土匪、民团中的工作，运用下层统一战线，夺取其下层群众。"刘志丹根据陕甘的实际情况，同哥老会首领马海旺结香堂、拜把子，成了西北大爷；发展马锡五为党员，团结白文焕、郑德明等一批哥老会首领参加革命，使其即使不革命，也不反对革命。

第三，中共组织重视对地方民团和非法武装的教育与争取工作。

对于民团，刘志丹、习仲勋等认为要根据其对红军的态度区别对待，凡与我为敌对抗，且我有力量消灭的，就坚决消灭；凡向我表示友好，或愿意保持中立者，则尽量争取，维持良好关系，以便我军集中力量消灭最顽固最反动的势力。刘志丹等对后淑殿的张维奇、耀县的夏玉山、蓝田的张家坪等民团都成功地进行了统战工作，取得了一定效果。同时，还积极教育、争取非法武装。非法武装成员大多为贫苦农民。刘志丹、谢子长等多次深入非法武装中，启发其成员的阶级觉悟，教育其同情红军或者走上革命道路，如赵连璧、贾生财、杨培胜、师储杰、郭宝珊等，都是在他们的教育下参加了革命。正如习仲勋所说，对于同国民党政权有矛盾的地方武装，我们总是努力争取；凡同情革命、倾向革命的都热忱相待，一些哥老会头目、民团团总、保安团、红枪会，经过我们的团结争取，都为革命做过许多好事。

正是由于西北根据地的领导者充分运用了统一战线这一法宝，才使西北根据地不断发展。

（五）坚持从实际出发，创造性地开展革命活动

西北根据地同其他根据地一样，在创建过程中曾受到中央"左"倾的和右倾的错误干扰。西北反帝同盟军整编前，刘志丹等坚持思想教育和组织清理的整军方法，受到省委"左"倾错误的干扰，发生了令人痛心的三嘉原缴枪事件。在红二团政委杜衡强令部队"南下"时，刘志丹等坚决反对，途中他积极协助团长王世泰指挥战斗，保留了骨干力量；陈家坡会议中，习仲勋等在省委遭受破坏、红二团南下失败、国民党军围攻照金苏区的危急关头，从实际出发，力排众议，

统一了几支红军力量，建立了陕甘边红军临时总指挥部，战略上坚持在陕甘边开展游击战争，战术上不打大仗，积小胜为大胜，壮大红军力量，为发展壮大红军打下了坚实的基础。在与上级失去联系后，刘志丹、习仲勋等从陕甘边的实际出发，制定了一系列符合陕甘红军和根据地发展的政策，独立自主地发展游击战争，并取得了辉煌的成就。在阎家洼子会议中，刘志丹等顶着中共上海临时中央局、中央驻北方代表来信的无端指责，坚持从陕甘边的实际出发，巩固和扩大了陕甘边根据地。正是刘志丹等按照中央土地革命的原则，从实际出发，实事求是地制定了一系列方针、政策，才排除了各种错误的干扰，最大限度地减少了损失，赢得了革命的胜利。

（六）刘志丹、谢子长、习仲勋等一批领导者具有坚定的理想信念和立党为公的高尚品质

在根据地的创建中，以刘志丹为核心的领导集体，既经历了对敌斗争中的挫折和失败的考验，也经受了党内各种错误的干扰和"处理"，但他们始终没有动摇自己的理想和信念。

土地革命初期武装起义失败，兵运工作中的三道川事件、旬邑事件、宁县早胜事件、红二团南下失败等，使刘志丹等愈挫愈勇，不断总结经验教训，终于创建了西北红军和根据地。同时，以刘志丹为代表的领导集体，始终以党的利益、革命的大局为重，坚持五湖四海团结、包容的原则，不搞宗派，不搞小团体，使革命队伍越来越强，根据地越来越大、越来越巩固。1931年秋，在陇东，南梁游击队迎来了从晋西、陕北辗转而来的陕北游击支队；1933年夏，在耀县又与陕北游击队一支队会合，帮助其发展，在干部、武器上

给予支持；同年秋，渭北根据地丧失后，黄子祥带领红四团、王泰吉率领受到严重挫折的西北民众抗日义勇军来到照金苏区，受到习仲勋等的欢迎。在陈家坡会议上，习仲勋等顾全大局，推举刚恢复党籍的王泰吉担任陕甘边区红军临时总指挥部总指挥，刘志丹从秦岭返回后任参谋长。恢复四十二师时，刘志丹仍然推举王任师长。1934年7月，谢子长等带领陕北游击队总指挥部来到南梁，陕甘边区的领导没有因为隶属关系的不同不予支持，而是热烈欢迎，且给予了武器、经费的帮助。会议中，陕甘边领导同志不顾北方局的错误批评，让谢子长兼任四十二师政委，并带领红三团北上，协助陕北红军粉碎敌人的"围剿"。

　　1935年8月，中共西北工委得知红二十五军即将到西北苏区的消息后，专门发了《为欢迎红二十五军北上给各级党部的紧急通知》。红二十五军到达西北苏区后，受到根据地军民的热烈欢迎。在永坪镇成立了中共陕甘晋省委，改组了西北军委，三支红军合编为红十五军团，但是，由于受"左"倾错误的影响，刘志丹、高岗、习仲勋、马明方、崔田民、崔田夫、张秀山等被排斥在主要领导岗位之外。具有崇高理想和信念的刘志丹与他的战友们，不计个人地位、名誉，顾全大局，同外来干部合作共事，忘我战斗。劳山战役后，西北代表团和陕甘晋省委在"左"倾错误和宗派主义的领导下，开展了错误的肃反，逮捕了刘志丹、高岗、张秀山、习仲勋等一批原陕甘边苏区的党政军领导干部，杀害了200多人。直到中央长征到达陕北后，刘志丹等一批未遭杀害的干部才得以自由。获释后，刘志丹等顾全大局，一再告诫大家"中央来了就好办了"，不计政治上未得到彻底平反、组织上职位安排过低的不公待遇，相忍为党，仍然浴血奋战，最后付出了生命。

刘志丹、习仲勋等始终以党的利益为重，充分体现了共产党人的宽广胸怀和高尚情操，为西北红军的发展、根据地的巩固做出了独特的贡献。

陕甘边革命根据地分布图

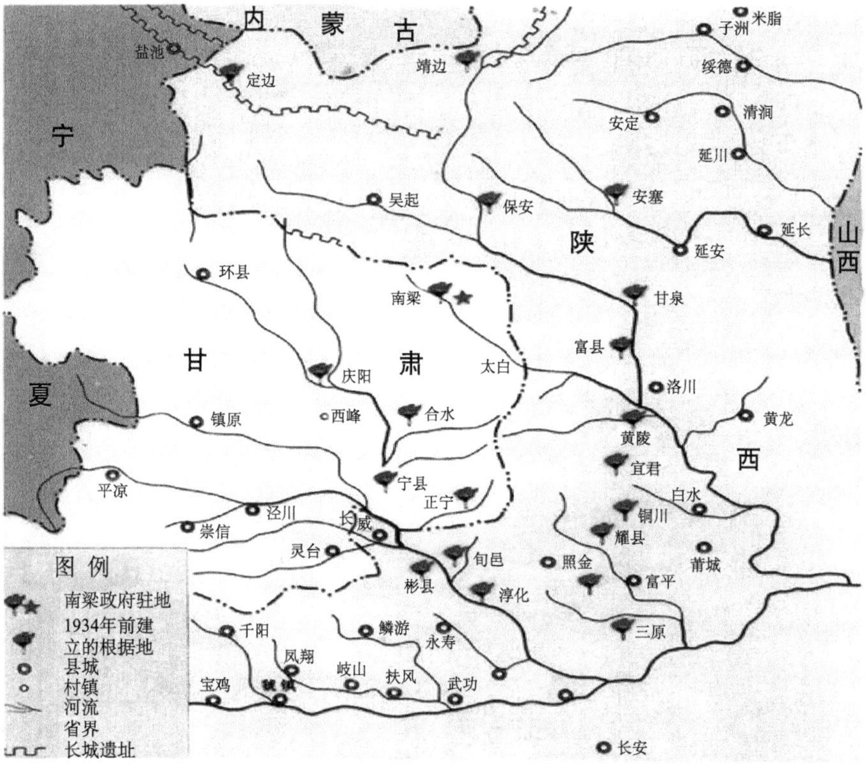

图1-3 陕甘边革命根据地示意图

在根据地的创建过程中，一批杰出的共产党人为了理想信念的实现，以大无畏的英雄气概英勇奋斗、献出了宝贵的生命，其中，以刘志丹、谢子长、王泰吉、刘林圃、李妙斋、周冬至、强世清、杨琪、杨森、杨重远、白德胜等为杰出代表。据不完全统计，土地革命时期，陕西牺牲的有名有姓的烈士达 9 444 人。毛泽东赞扬刘志丹为"群众领袖、民族英雄"，谢子长为"民族英雄"、"虽死犹荣"。

专题 1－2

西北根据地大事记

1931 年

9 月，刘志丹建立了南梁游击队。

10 月，陕北游击队到达庆阳与南梁游击队会合。

1932 年

1 月初，陕北游击队和南梁游击队改编为西北反帝同盟军，谢子长任总指挥，刘志丹为副总指挥。

2 月 12 日，西北反帝同盟军改编为红军陕甘游击队，谢子长、刘志丹、阎红彦先后任总指挥。

5 月 5 日，谢子长、焦维炽发动靖远起义。

12 月，红军陕甘游击队改编为红二十六军第二团，开辟以照金为中心的陕甘边根据地。

1933 年

3 月 8 日，中共陕甘边特委在耀县照金成立，特委书记金理科，军委书记习仲勋。

3 月中旬，陕甘边区游击队总指挥部成立，总指挥李妙斋，政委习仲勋。

4 月 5 日，陕甘边革命委员会成立，主席周冬至，副主席习仲勋。

8 月 14 日，习仲勋等在照金陈家坡研究决定，建立陕甘边区红军临时总指挥部,统一指挥红四团(由渭北游击队一大队改编)、西北民众抗日义勇军和耀县游击队。

11月3日,红军第二十六军四十二师(师长王泰吉,后刘志丹)建立,开辟以南梁为中心的陕甘边根据地。

1934 年

1月22日,西北军事特派员谢子长到陕北,恢复和建立红军陕北游击队。

2月25日,陕甘边区革委会在南梁恢复,主席习仲勋。

7月8日,红军陕北游击队总指挥成立,总指挥谢子长。

8月28日,红军陕北游击队总指挥部所辖支队扩编为红军陕北独立师。

11月4日—6日,选举产生了陕甘边区苏维埃政府,政府主席习仲勋,军委主席刘志丹。7日,召开群众大会,宣布、庆祝陕甘边区苏维埃政府成立。

1935 年

1月25日,陕北省苏维埃政府成立,主席马明芳。

1月30日,红军陕北独立师改编为红二十七军八十四师,师长杨琪,政委张达志。

2月5日,西北工委和西北军委成立,统一领导陕甘边、陕北两块根据地,工委书记惠子俊(崔田夫代理),军委主席刘志丹(一说谢子长)。

5月,南梁苏区陷落,习仲勋率领边区机关转移到陕北洛河川。

9月中旬,红二十五军长征到达延川县永坪镇,撤销西北工委,成立中共陕甘晋省委。同时改组了西北军委。红二十五、二十六、二十七军改编为红十五军团，军团长徐海东，政委程子华，副军团长兼参谋长刘志丹。

10月19日，毛泽东率领红军陕甘支队到达陕北吴起镇。

11月上旬，刘志丹、高岗、习仲勋等获释。

1936 年

2月20日，红军发起东征战役。4月14日，刘志丹在东征战役中牺牲。

10月，红四方面军、红二方面军和红一方面军分别在会宁和将台堡会师。

1937 年

8月25日，红军改编为国民革命军第八路军，从渭北出师华北，抗击日军。

（来源：陕西传媒网—陕西日报，2014 年 11 月 7 日）

第二节　陈家坡会议

　　1933 年召开的陈家坡会议是陕甘边革命史上具有重大战略转折意义的会议，是西北革命历史上的一次非常重要的会议。陈家坡会议做出了正确的决定，加强了共产党对各支部队的统一领导，对日后西北红军主力的重建和陕甘边革命根据地的巩固和发展具有非常重要的意义。

一、陈家坡会议召开的历史背景

　　陈家坡会议是在陕甘边革命根据地形势十分严峻的情况下召开

的。面对强大的敌人，如何保卫根据地，如何保存红军的实力，继续与敌人周旋，中共陕甘边区特委和游击队总指挥部在秦武山、习仲勋等人的主持下，在陈家坡召开了联席会议。

（一）北梁会议召开与主力红军南下失败

1933 年 6 月 17 日，在陕甘边区活动的唯一主力红军——红二十六军第二团结束了外线作战返回照金。在照金镇北梁村，中共陕甘边特委和红二团党委召开了联席会议，也就是北梁会议。在北梁会议上，主要讨论了边区工作和主力红军红二团的下一步行动计划①，在谈到红二团的行动计划时，中共陕西省委和陕甘边特委以及刘志丹、金理科等同志提出了符合实际的正确主张，他们认为：主力红军红二团应该留在照金，立足陕甘边，开展游击战，就是打小仗、钻山林。在会上，杜衡作为省委常委、军政委，不顾当时的客观实际，面对敌人的疯狂"围剿"，完全丧失了信心。他认为主力红军红二团应该离开照金苏区，南下到关中平原和西安附近的渭华地区，开辟新的革命根据地。杜衡的理由主要有四点：第一，渭南华县一带有渭华起义的影响，群众基础好；第二，渭华地区物产丰富、人口稠密，便于扩大红军；第三，那里距离西安近，可以威慑敌人的统治中心；第四，去那里可以和陕南的红二十九军遥相呼应，直接威胁西安。渭华地区确实比陕甘边区富裕的多，它被称为"三秦要道"，东濒黄河，与山西、河南毗邻，西与西安、咸阳相接。如此重要的战略地位，又属关中平原，是国民党当局严格控制的地区，是

---

① 刘笑．陈家坡会议及其历史贡献［J］．党史文苑，2014 - 08 - 20.

国民党的统治力量很强大的地区，幼小的红军怎么可能在这样的地区立足呢？① 但是因为杜衡作为省委常委、军政委兼团政委，在会上具有最终决定权，因此在总结会议，拍板定案的时候，他一意孤行，彻底否定了刘志丹等人的正确主张，强行命令红二团放弃照金苏区，南下渡过渭河，到渭南华县一带，开辟新的根据地。结果主力红军红二团南下以后，一过渭河，就陷入了敌人的重重包围之中，兵困终南山，特别是在蓝田县张家坪一战，被敌人重兵包围，围追堵截，苦战了一个月，四百多人被敌人冲散，剩一百多人经过浴血奋战，最终弹尽粮绝，几乎全军覆没，只有刘志丹等三十多人突出重围，后来历尽了千难万险绕道南梁，顺子午岭山脉回到了照金，但是已经将近半年过去，幸存下来的只有三十多人。红二团是陕甘边红军的主力和革命的支柱，主力红军南下失败，杜衡的错误指挥，直接导致陕甘边地区的唯一一支正规红军部队被断送了，使照金苏区失去了主力依托，陷入了危急存亡之中。

（二）杜衡被捕叛变致使陕西省党组织遭受严重破坏

在主力红军红二团南下的途中，杜衡在部队刚行进到三原的时候，还没过渭河，就借口要向省委去汇报工作，离开部队去了西安。1933 年 7 月 28 日，杜衡作为省委常委，出席了中共陕西省委在西安骡马市福盛楼饭馆举行的秘密会议，但是被国民党特务发现，杜衡与中共陕西省委书记袁岳栋当场被捕，结果，当天晚上他们就叛变投敌。杜衡还写下了《陕西共党沿革》，供出了他知道的全部中共组织

---

① 李东朗. 习仲勋与陈家坡会议 ［J］. 党史博览，2013－10－01.

及党员。他们还带领国民党军警到各地搜捕共产党员，导致大批共产党员和革命群众惨遭杀害，就连中共陕西省委机关以及关中、陕南各县的党团组织都遭到了严重破坏。中共陕甘边特委在失去了上级党组织（陕西省委）领导的情况下，走上了独立自主探索的道路。

（三）国民党军疯狂"围剿"，照金苏区艰难支撑

当陕甘边的主力部队红二团南下以后，国民党当局借此机会调动大批兵力疯狂扫荡，妄图一举荡平陕甘边根据地，还有反动民团四处搜捕我们党的革命领导人。当时的照金苏区艰苦极了，习仲勋同志回忆这一段艰难岁月时说："红二团失败后，敌人调动大批兵力，妄图一举荡平陕甘边根据地，当时我们困难极了。红二团南下时把地方游击队的几支枪也调走了，照金游击队只有四十多个人，枪不满三十支，子弹也很少。敌人对渭北、照金到处发动进攻，我们失掉了红军主力的依靠，无处安身，吃饭也成了问题。尽管如此，我们还是坚定信心，坚持斗争，我们的方针是保存力量，以游击战保卫苏区。在淳化、旬邑、耀县一带及薛家寨的周围，我们发动群众，壮大游击队，等待有利时机。"①

（四）三支革命武装力量集聚照金，缺乏集中领导和统一指挥

在照金最艰难、最困苦的时候，李妙斋、习仲勋指挥的陕甘边红军游击队指挥部，坚持在照金苦苦支撑，等待时机的转变，后来

---

① 编委会编.《习仲勋传》上卷［M］.北京：中央文献出版社，2008年版，第142页.

终于柳暗花明。1933 年 7 月 21 日，驻防耀县的国民党骑兵团长王泰吉（共产党员）发动起义。王泰吉率领的骑兵团在耀县起义后，改编为西北民众抗日义勇军，经过了三原辘轳把村一战，转移受挫。王泰吉率领余部一百多人退入照金苏区，虽然只有一百多人，但都是精兵强将，因为前身是正规军，而且他们都是坚定的革命分子，此外，他们还带来了百多挺机枪，习仲勋形容："这犹如给奄奄一息的照金革命火堆上，添了一把干柴"①，革命又复兴起来了，加上红军渭北游击队改编成红四团，也来到照金。还有耀县游击队也来到了照金。三支革命武装的到来，缓解了苏区的危难局面，增强了照金根据地群众斗争的信心。但是这三支队伍彼此之间没有隶属关系，缺乏统一指挥，仍然是分散行动、各自为战。面对敌军重兵"围剿"，根据地形势十分严峻。

二、陈家坡会议的主要内容

面对强大的敌人，在何处开辟根据地、如何保卫根据地、如何保存红军的实力，继续与敌人周旋，成为陕甘边特委首先要解决的问题。1933 年 8 月 14 号，中共陕甘边区特委和游击队总指挥部在秦武山、习仲勋等人的主持下，在照金镇北梁村的陈家坡召开了党政军联席会议。参加会议的有：秦武山、习仲勋、张秀山以及受陕西省委派遣来到照金担任西北民众抗日义勇军政委的高岗、红四团团长黄子祥、游击队总指挥李妙斋，还有王泰吉、杨森、张邦英、陈

---

① 习仲勋. 深切怀念王泰吉同志［N］. 人民日报, 1984 - 03 - 03（04）.

学鼎、陈国栋、王伯栋等人也参加了会议。

习仲勋和特委其他领导一开始就明确提出：会议的中心内容是讨论重新组建主力红军的问题，正确地分析研究根据地面临的形势和任务，并结合实际提出扭转被动局面的切实对策。[①]

但是，会议进行当中，围绕着对义勇军、红四团和游击队三支武装今后的行动方向和领导人选等三个问题上发生了激烈的争论。会议开到天黑仍争论不休，接着又开了整整一个通宵。

这次会议上激烈争论的首要问题是：红军主力队伍今后是坚持集中领导，统一行动，还是继续分散活动。[②] 多数人认为，应当将义勇军、红四团和耀县游击队统一编制，组成主力红军部队，使相对分散和弱小的游击队集中统一行动，以形成有力的拳头，打击反动武装的薄弱部位，扩大边区的游击战争。另一种意见则认为，陕西党组织、红二十六军和苏区接连受挫，国民党军队攻势凶猛，组建主力部队目标过大，而且在当前形势下也很难行得通。他们主张已到达照金的各支武装仍回原地，分散开展游击活动。持此种意见者以来自渭北苏区红四团的同志更为坚决。[③]

习仲勋作为会议的执行主席之一，在仔细听取各种意见后，明确表示赞同多数同志的意见，要"继续创造和扩大陕甘边苏区，就必须把抗日义勇军、耀县游击队、旬邑游击队和淳化游击队等多个武装力量联合起来，一致行动"。他认为，红军武装只有统一起来，才能战胜敌人，扩大苏区。如果再分散回原地游击，不仅不能坚持陕甘边斗

① 编委会编.《习仲勋传》上卷［M］.北京：中央文献出版社，2008年版，第154页.
② 张秀山.《我的八十五年——从西北到东北》［M］.北京：中共党史出版社，2007年版.第55页.
③ 编委会编.《习仲勋传》上卷［M］.北京：中央文献出版社，2008年版，第154页.

争，还极有被敌人各个击破的危险。① 会议经过讨论，最终决定成立红军临时总指挥部，统一领导红四团、抗日义勇军、耀县游击队。

会议第二个争论的问题是，是红军临时总指挥部总指挥的人选。② 与会的大多数同志主张由西北民众抗日义勇军的王泰吉任总指挥。但黄子祥、王伯栋等同志则认为：由王泰吉来任总指挥，这就成了义勇军领导红军了，不同意王泰吉担任这一职务。实际情况是，王泰吉经党组织审查批准已经恢复了党籍，已经是党的领导干部。③ 虽然成立之初的义勇军成分比较复杂，但是经过战斗之后，抗日义勇军仅剩百余人到达照金，不坚定的人都被淘汰掉了。这时的西北民众抗日义勇军已经是红军部队，根本不存在什么义勇军领导红军的问题。会议最终任命王泰吉为总指挥，刘志丹回来后任参谋长。

会议争论的第三个问题，是红军临时总指挥部的政委人选。④ 会上，推举高岗任临时总指挥部政委。但是一部分同志反对这一提议，他们以陕西省委已经被敌人破坏为理由，不承认高岗是省委派来的。在会上，习仲勋等证明高岗来边区时，带有陕西省委贾拓夫给开的介绍信。会议经过讨论，决定由高岗任红军临时总指挥部的政委。

陈家坡会议经过充分讨论，否定了分散行动的意见，并对少数人的消极情绪展开了批评，统一了思想认识。⑤ 会议的另一位执行主席秦武山，在自己写的《我的自传》中也对会议情况有详细记述：

---

① 编委会编.《习仲勋传》上卷［M］. 北京：中央文献出版社，2008 年版，第 154 - 155 页.
② 张秀山.《我的八十五年——从西北到东北》［M］. 北京：中共党史出版社，2007 年版，第 56 页.
③ 编委会编.《习仲勋在陕甘宁边区》［M］. 北京：中国文史出版社，2014 年版，第 71 页.
④ 张秀山.《我的八十五年——从西北到东北》［M］. 北京：中共党史出版社，2007 年版，第 56 页.
⑤ 编委会编.《习仲勋传》上卷［M］. 北京：中央文献出版社，2008 年版，第 155 页.

这次会议上，对三支部队统一与分散活动等问题发生了激烈争论，黄子祥、王伯栋等少数人不主张统一行动，主张回各地打游击。这种主张遭到与会的绝大多数同志的反对。反对这种主张的有习仲勋、秦武山、杨森、高岗、李妙斋、张秀山、张邦英、陈学鼎等同志。第二个问题是总指挥人选问题。大家都主张王泰吉任总指挥。黄子祥、王伯栋认为这是义勇军领导红军，不同意。第三个争论问题是高岗任政委问题，大多数同志主张高岗为总指挥部政委，但黄、王反对。会上我们批评了黄、王的失败情绪，从当日下午一直开到第二天太阳大照时才结束，最后正确的意见终于占了上风。①

会议还研究决定，红军坚持在陕甘边一带活动，巩固和扩大根据地；战略战术上不与敌人打大仗，积小胜为大胜。

三、陈家坡会议的历史意义

陈家坡会议是陕甘边革命根据地建设和发展历史上一次极为重要的会议，具有重大的历史意义。

加强了共产党对各支部队的统一领导。会议决定成立陕甘边区红军临时总指挥部，整合三支武装力量，集中领导、统一指挥。陈家坡会议后，新组建的陕甘边红军主力在特委的直接领导和临时总指挥部的率领下，以崭新的战斗阵容开展游击战争，取得了军事上的胜利。红军主力作战和发展壮大的历史证明：只有加强共产党对各支部队的统一领导，才能发展壮大革命力量、战胜一切敌人。脱

---

① 编委会编.《习仲勋传》上卷 [M].北京：中央文献出版社，2008年版，第155页.

离了党的领导，就会遭受挫折，就不可能有强大的战斗力。原中共中央顾问委员会委员、中央纪委副书记张策回忆说："我到照金后夜宿在一个叫陈家坡的村子，第三天，陕甘边特委在这里召开会议，我在巷道里听到会场争论得十分激烈。但争论的什么问题，当时我毫无所知，也不便打听。在红二团南下失败的情况下，会议决定建立新的陕甘边红军临时指挥部，以统一各红军武装的行动。这个决定十分重要，它及时建立了红军指挥机关，巩固和保证了部队的稳定和正确的作战行动"。①

统一了党政军领导干部的认识。习仲勋同志在 1988 年回顾当时的陈家坡会议时，就讲："二十六军南下失败了，王泰吉起义之后就剩了这点军队了，大家还都不团结，渭北游击队，关中一批同志都愿意再回渭北，耀县的回耀县，淳化的回淳化，旬邑的回旬邑，都回去了，那还打什么呀，怎么打仗呢？临时打仗再集中？目前没有一个主力不行啊，避免人家各个击破，一个一个被人家消灭了，有这个主力了，其他游击队不宜大，没有这个，以后就没有南梁苏区。"② 他讲的这段话当中，最后一句他说"没有这个"，也就是说没有陈家坡会议的召开，没有重整旗鼓对这三支队伍的集中领导和统一指挥，就没有后来的南梁苏区。如果没有南梁苏区，也就没有我们陕甘边发展的第三个阶段，就是在甘泉县的下寺湾迎接党中央红军长征到达陕北。历史证明，习仲勋等主持召开的陈家坡会议，统一了党政军领导干部的认识，对于加强党对红军和游击队的统一领导，巩固和扩大陕甘边根据地，坚持和发展陕甘边的游击战争起了

---

① 编委会编.《习仲勋传》上卷［M］.北京：中央文献出版社，2008 年版，第 156 页.
② 中央电视台六集文献纪录片《习仲勋》第一集《烽火陕甘》解说词.

重要推动作用。陈家坡会议是在西北革命转折的重要关头召开的一次很关键的会议。①

制定了正确的作战方针。陈家坡会议是陕甘边区党的地方组织独立自主制定正确战略方针的起点，为陕甘边根据地的发展指明了方向。习仲勋在五十年后也撰文写道："陈家坡会议仍以创造和扩大陕甘边苏区为中心口号。制定了不打大仗打小仗，积小胜为大胜，集中主力，广泛开展游击战争，开展深入的群众工作的战略方针。实践证明，会议的决定是正确的，它对于加强党对红军和游击队的统一领导，巩固和扩大陕甘边根据地具有重要的历史意义。"②

图1-4 陈家坡会议旧址

---

① 编委会编．《习仲勋在陕甘宁边区》[M]．北京：中国文史出版社，2014年版．第72页．
② 编委会编．《习仲勋传》上卷[M]．北京：中央文献出版社，2008年版，第157页．

图 1-5　国家行政学院第 29 期厅局级公务员任职培训班
学员在陈家坡会议旧址前接受革命传统教育

第三节　薛家寨保卫战

薛家寨革命旧址位于陕西省铜川市耀州区照金镇东约 5 公里的田玉村绣房沟。因为传说薛刚反唐时曾屯兵于此而得名。这里石峰千仞，拔地而起，三面悬崖，人莫能攀。仅西北角和兔儿梁山岭相接，直通桥山主脉。寨东为黑田峪，寨西是绣房沟，四周灌木丛生，十分隐蔽，登上悬崖吊桥，再过两道石门，内有大小天然石洞数孔，地势险要，是一个易守难攻的兵家要地。1933 年，这里曾发生一次武装反对国民党反动派的薛家寨保卫战，使薛家寨成为在陕甘边区声名远播的山寨。

一、红军大本营——薛家寨

　　1933年春，刘志丹、习仲勋率领陕甘边党政领导机关进驻薛家寨后，首先动员群众加固了前后哨门，构筑碉堡，增设火力网点；又在党家山、鸡儿架等处设立哨卡，周围布设地雷、滚石垒，挖掘战壕、暗道等防御工事。他们还根据战争需要改造山寨，整修岩洞，储备粮食物资。同时，在寨内设立了红军医院、被服厂、修械所、仓库和关押地主豪绅的临时监狱，形成一个防守严密、补给较为充足的军事指挥中心和红二十六军的后方基地[①]。

图1-6　红军大本营——薛家寨旧址

---

　①　编委会编.《习仲勋传》上卷［M］.北京：中央文献出版社，2008年版，第130页.

　　1933 年 7 月，杨虎城部王泰吉率骑兵团 1 700 多人在耀县宣布起义，成立西北民众抗日义勇军。起义部队在耀县采取一系列革命措施，得到了广大人民的热烈拥护。义勇军在耀县短暂停留后，即向三原进发，欲争取驻防三原的杨竹荪团参加起义。不料在辘轳把一带遭敌军孙友仁特务团袭击，战斗失利，人员大部溃散。王泰吉面对挫折，毫不动摇，果断将余部 100 余人改编为西北民众抗日义勇军撤退到照金苏区。

　　王泰吉率部进入照金，使陕甘边区革命武装力量得到扩大。不久，中共耀县县委领导的耀县游击队七八十人和黄子祥、杨森指挥的红二十六军第四团，也相继进入照金。三支革命武装相继进入照金，缓解了苏区的危急局势，清除了内忧外患，是陕甘边根据地发展史上具有重要意义的事件。它充分表明了在革命接连遭受挫折的形势下，照金苏区成为陕甘地区当时同国民党反动势力抗衡、聚集革命力量、复兴苏维埃运动的坚强阵地。①

　　陈家坡会议后，新组建的陕甘边区红军主力在特委的直接领导和临时总指挥部（王泰吉任总指挥）率领下，首先进攻耀县让牛村、庙湾据点，歼灭敌军雷天一、夏老幺的民团武装各一部，然后乘胜袭击了柳林民团，并与陕北一支队会师，红军力量进一步壮大。国民党军队和地方民团屡犯照金苏区，遭到根据地军民奋力还击而使其图谋落空，沉重地打击了国民党和封建军阀在陕甘宁一带的反动统治，引起了国民党反动当局的震惊，蒋介石数次电令西安绥靖公署派重兵"围剿"照金苏区，限期攻克薛家寨。

---

　　① 编委会编．《习仲勋传》上卷 ［M］．北京：中央文献出版社，2008 年版，第 148 页．

二、薛家寨保卫战

1933 年 9 月下旬，趁红军主力出击外线，游击队在高山槐、老爷岭一带作战，薛家寨兵力空虚之时，国民党西安绥靖公署调集耀县、淳化、旬邑、宜君、同官等县民团，重兵逼近陕甘边中心基地薛家寨，并从后沟方向发起进攻。此时薛家寨仅有边区革委会政治保卫队留守，兵寡力孤，情势危急。

一天拂晓，敌人向薛家寨发起猛烈进攻，陈克敏带领土匪从龙家寨冲过来。游击队及时赶到绣房沟，在沟口阻击敌人。不料，敌人的民团又从薛家寨的后山攻了上来。战斗激烈进行，在习仲勋的指挥下，后方修械所、被服厂、红军医院的干部、工人及后勤人员纷纷挺身而出，拿起武器投入战斗，利用天险巧布地雷阵，并以修械所研制的"麻辫手榴弹"和滚石等武器顽强抗击，阻敌于坚壁之下，"麻辫手榴弹"打得敌人寸步难进。酣战中，山风骤起，大雨滂沱。红军游击队冒雨杀敌，愈战愈勇，坚守于各个哨位奋力抗击，致使敌军人心涣散，畏缩不前。危急时刻，陕甘边游击队总指挥李妙斋带领游击队从绣房沟回援薛家寨，及时投入了战斗，敌人仓皇撤退。李妙斋看到敌人逃跑，连忙集合部队，准备反击。敌人逃跑时，在树林里埋伏下几个伏击手，李妙斋被伏敌射来的子弹击中，英勇牺牲，年仅 30 岁。[①]

十月四日，农历八月十五，是象征喜庆和团圆的中华民族传统

---

① 编委会编.《习仲勋在陕甘宁边区》[M].北京：中国文史出版社，2014 年版.第 74 页.

佳节——中秋节。刘志丹和王世泰等红二团骨干历尽艰险终于回到了照金。他们刚一踏进薛家寨山门，就被激动的人群围了起来。习仲勋、秦武山等领导同志快步来到寨前，迎接这位日夜思念的群众领袖回到根据地。习仲勋向刘志丹汇报了召开陈家坡会议以及会后红军主力、游击队发生的变化。刘志丹兴奋地说："这下就好了，陈家坡会议总算排除了错误的主张，回到正确路线上来了。现在需要把部队集中起来，统一领导，统一指挥。我们重新干起来，前途是光明的。"①

敌人对根据地的几次"围剿"、进攻，不仅没有攻下薛家寨，而且红军主力还攻占旬邑县的张洪镇，缴枪200余支和大批物资，这使国民党反动当局更加惶恐不安。蒋介石再电邵力子、杨虎城，肃清薛家寨的残匪。②

为了粉碎敌人的新进攻，刘志丹、习仲勋等在一起制定了反"围剿"斗争的部署，决定由刘志丹率领红四团、陕北一支队等主力红军主动跳出外线，北上陇东，转战敌后，消灭敌人；习仲勋等领导地方武装坚持照金苏区的内线斗争。

十月十二日，红军主力离开照金，再次转入外线歼敌。不日，国民党反动当局在做了较长时间准备以后，又一次对照金苏区发动了大规模"围剿"。10月中旬，国民党调集四个正规团和六个县的民团共6 000余人，配合机枪大炮，向照金苏区发动"围剿"。敌人的部署是：以孙友仁特务团附属炮兵营和三原、淳化、旬邑、同官、耀县、宜君县民团分路直攻照金苏区；冯钦哉师一个团在中（部）、

① 编委会编.《习仲勋传》上卷［M］.北京：中央文献出版社，2008年版，第159页.
② 编委会编.《习仲勋在陕甘宁边区》［M］.北京：中国文史出版社，2014年版，第74页.

宜（君）一带堵截；何高侯团在旬邑、淳化地区阻击；陇东赵文治团追击主力红军。在进攻之前，国民党政权拉夫派差，修路架桥，将大炮等重兵器运往照金兔儿梁上，准备以薛家寨为目标，实施炮火轰击。陈克敏叛匪和张彦宁民团也倾巢出动，带国民党孙友仁特务团在照金坟滩、绣房沟一带驻扎，对薛家寨实行经济封锁和军事围困。①

面对敌人的大规模进攻，中共陕甘边区特委书记秦武山、特委军委书记习仲勋与游击队总指挥部成员召开紧急会议，讨论应付时局和保卫薛家寨的方略。在讨论中，特委书记秦武山和大多数同志都不同意撤退，主张坚守薛家寨，习仲勋经过冷静思考提出的："在敌我力量悬殊的情况下，地方红军部队也应全部撤退，来个空城计，不能死守根据地"的正确意见未被采纳。鉴于习仲勋伤未痊愈，特委决定让习仲勋和黄子文先下山撤退。②

十月十三日，国民党军开始由兔儿梁隔绣房沟向薛家寨发起炮火攻击。敌人首先用炮兵营的几门平射炮、曲射炮猛烈轰击薛家寨，但未击中寨内工事和重要目标，红军无一人伤亡。敌人又猛攻薛家寨石门，以炮火掩护步兵，几次试图登山，遭到游击队前沿阵地布设的地雷、土炸弹有效杀伤又退回原地，敌人的进攻未能得逞。薛家寨内的边区领导和红军官兵，上下团结一致，同仇敌忾，游击队愈战愈勇，山寨岿然不动。

国民党军在强攻薛家寨不成的情况下，又变换战术，实施偷袭方案。

---

① 编委会编．《习仲勋传》上卷［M］．北京：中央文献出版社，2008年版，第160页．
② 编委会编．《习仲勋在陕甘宁边区》［M］．北京：中国文史出版社，2014年版，第75页．

十五日夜晚，叛匪陈克敏带国民党军特务团一百余人，利用夜色掩护，由薛家寨"石门工事"和后山嵝岘阵地之结合部一条陡峭石缝攀登而上，拂晓时分偷偷地爬上了薛家寨，然后散开埋伏起来。天亮后，敌人全部展开，向红军的防御工事发起了冲锋，致使防守阵地被突破。同时，一股国民党军又从后山冲出。在这种危急情况下，根据地党政军领导果断决定"保存实力，分路突围"：一路由游击队总指挥吴岱峰和政委张秀山率领，向党家山突围；另一路由秦武山、惠子俊、刘约山带领，向黑田峪突围。两路均按事前安排，转移到安全地带。

红军突围后，敌人占领了薛家寨，行动不便的红军伤病员和防守石门分队的少数战士被俘。薛家寨失守后，敌人在寨内及周围地区纵兵数日，抢夺红军储备物资，劫掠群众财物，屠杀革命群众。陕甘边革命委员会土地委员王满堂、肃反委员王万亮等先后被敌人逮捕杀害，照金根据地遭到敌人的野蛮洗劫。

照金失守后，一些领导骨干和游击队仍坚持以不同的斗争形式，打击盘踞在照金的反动势力。是年冬天，党组织在陈克敏民团中成功地发动了士兵暴动，从而彻底摧毁了这支反动武装。1934 年秋，红军和游击队主力返回照金，根据地重新恢复。从此，照金人民在党的领导下，一直战斗到全国解放。

如今，大自然用四季的调色板浓墨重彩地装点着薛家寨，红军战士用鲜血和生命捍卫洗礼过的薛家寨，枪炮声虽然已经远去，但无论日月走过多久，红色的薛家寨永远不会被尘封，薛家寨已经成为人们心中高耸的一座丰碑。

三、照金苏区的光辉业绩永垂史册

以照金为中心的陕甘边革命根据地，在中国革命史上写下了光辉的一页。习仲勋在1986年充满深情地撰文回忆和评述了照金苏区的斗争历史。文中写道："照金根据地是西北第一次在山区建立根据地的尝试，是红二十六军的立足点和出发点。它生长和保存了红军主力，使西北革命过渡到一个新的阶段。照金失守后，下层党的组织没有遭到破坏，游击队也没有受到损失。到了冬天，淳化、耀县一带的游击运动大大发展了起来。同时成立了平子游击队。这一切使我们领会到了只有建立了根据地，把党和红军与群众进一步联系起来，即使严重局面到来，我们也有站脚的地方和回旋的余地。从而使我们进一步领会了根据地的重要性和它对中国革命的重大意义。

图1-7　薛家寨绝壁上的通道

但是照金毕竟还是距国民党统治中心太近，它的活动回旋余地不够
广大，作为长期巩固的支撑革命的后方基地还是困难的。"①

图1-8　薛家寨上的夹缝通道

图1-9　薛家寨保卫战中游击队使用的麻辫炸弹

① 编委会编.《习仲勋传》上卷［M］.北京：中央文献出版社，2008年版.第164页.

第二章

照金精神是中国共产党宝贵的精神财富

20世纪30年代初，在极其艰难困苦的情况下，刘志丹、谢子长、习仲勋等老一辈革命家在创建先后以照金、南梁为中心的陕甘边革命根据地，进行艰苦卓绝的斗争中给党和人民留下了伟大的照金精神。

第一节　照金精神的科学内涵

照金精神，就是以刘志丹、谢子长、习仲勋为主要代表的西北共产党人所表现出的坚定的革命理想和坚信革命必胜的崇高信念；为了救国救民，不怕任何艰难险阻，不惜牺牲一切的精神；紧紧依靠人民群众，同人民群众生死相依、患难与共、艰苦奋斗的精神。具体来说，照金精神的内涵可以概括为以下几个方面。

一、不怕牺牲、顽强拼搏的英雄气概

1927年，蒋介石发动四·一二反革命事变，轰轰烈烈的大革命失败了，白色恐怖笼罩神州大地。8月7日，中国共产党在汉口召开紧急会议，确定了武装反抗国民党反动派和开展土地革命的总方针，先后发动了南昌起义、秋收起义、广州起义以及其他一系列武装起义。

在八七会议精神指引下，中共陕西省委也把开展武装斗争作为主要任务，在1927年到1933年短短的几年间，先后发动了大大小小七十多次武装起义和革命兵变，掀起了武装斗争和土地革命的高潮。其中著名的有清涧起义、旬邑起义、渭华起义等武装起义；1928年王泰吉领导的麟游兵变；1930年12月常翔峰（即常学孔）、王志祥等领导的神木手枪连兵变；1932年4月习仲勋等领导的两当兵变和1932年5月杜鸿范、张东胶、杜润芝等领导的甘肃靖远兵变；1932年7、8月高鹏飞、苏杰儒、高胜勇等领导的西华池兵变；1932年9月李华峰、周凯、周志学等领导的平凉嵩店兵变。尽管这些起义遭遇了一次又一次失败，但刘志丹、谢子长、习仲勋等共产党人毫不气馁，奋勇拼搏。在由刘志丹、谢子长参加的陕北特委扩大会议上作出决定，以兵运为主，创建红军。

1932年2月，经过一系列艰苦斗争，在南梁游击队和陕北游击支队的基础上，最终创建了中国工农红军陕甘游击队，推动陕甘边革命进入崭新的历史阶段。但由于军事失利，陕甘游击队转移到照金开展革命活动。

1932年2月20日，刘志丹、谢子长率领红军陕甘游击队初到照金，夜晚趁街头耍闹社火之际，将当地民团包围缴械，并向当地群众宣传革命道理。此后，拉开了创建照金苏区的序幕。同年8月，在照金杨柳坪，两当起义失败后的习仲勋与刘志丹会面，交谈中，刘志丹鼓励习仲勋说："你这个失败，算不了个啥。我比你失败的还多，我都失败了，就搞兵运都失败了，大大小小七十来次。失败嘛，就要很好地去总结经验，继续战斗。"① 刘志丹还分析了几年来陕甘地区党领导的 70 多次起义和兵变失败的原因时说："最根本的原因就是军事运动没有同农民运动结合起来，没有建立起根据地。"他们决心要建立自己的根据地。谢子长也叮嘱习仲勋说："过去我们没有根据地，现在要搞。……你要在发动群众的基础上，成立农民协会，组织游击队，开展游击战争。"在刘志丹、谢子长的鼓励和支持下，习仲勋进一步坚定了创建根据地的决心和信心。他再次返回渭北，开展武装斗争，很快就发展了一批党员，建立起秘密武装，举行了大规模的分粮斗争。1933 年年初，习仲勋被中共陕西省委派到照金工作，相继任陕甘边区特委军委书记、陕甘边区游击队总指挥部政委，与刘志丹等并肩战斗。刘志丹还鼓励习仲勋说："打仗一定要灵活，不要硬打。能消灭敌人就打，打不过就不要打。游击队要善于隐蔽，平常是农民，一集合就是游击队，打仗是兵，不打仗是农民，让敌人吃不透。"习仲勋按照刘志丹的指示去工作，"确实有效"。②

1932 年 12 月，根据中共中央和陕西省委的指示，中国工农红军陕甘游击队在宜君县转角镇（今属旬邑县）举行改编授旗仪式，正式改编为中国工农红军第二十六军第二团。它是我党在西北地区建立的第一支由中央授予番号的正规红军部队，标志着陕甘边军事斗争进入了一个新的发展时期。

为了保卫根据地，习仲勋等还发动根据地群众在薛家寨据险筑堡，改造山寨，整修崖洞，建成防守严密的红军后方基地，先后设立了红军医院、被服厂、修械所、仓库等后勤机构。至此，以薛家

---

① 中央电视台六集文献纪录片《习仲勋》第一集《烽火陕甘》解说词.
② 习仲勋. 难忘的教诲 [N]. 人民日报, 1993 - 10 - 24.

寨为中心，东至沮河，西至淳化塬畔，北至马栏川，南至爷台山，东西相距 50 余里，南北相距 80 余里的照金根据地已初步形成。从此，红二十六军第二团又有了一个可靠的后方，使红军在游击战争中有了一个依托点和落脚点。①

1933 年 3 月 8 日，中共陕甘边特别委员会在照金兔儿梁成立，书记金理科；同时特委军事委员会成立，军委书记习仲勋。3 月中旬，陕甘边游击队总指挥部在照金兔儿梁组建，李妙斋任总指挥，习仲勋任政委。4 月 5 日，中共陕甘边特委在照金兔儿梁主持召开了陕甘边第一次工农兵代表大会，选举产生了陕甘边革命委员会，雇农周冬至当选为主席，习仲勋当选为副主席。至此，以照金为中心的陕甘边革命根据地正式形成。②

正当红二十六军和陕甘边革命委员会领导照金苏区人民深入开展土地革命斗争之际，却遭到敌军派重兵"围剿"。在危急关头，杜衡主张放弃照金根据地，不顾刘志丹、习仲勋等人的反对，强令红二十六军唯一的红二团南下渭华，结果遭到失败。刘志丹、汪锋、王世泰、吴岱峰等同志指挥部队进行了英勇战斗，胜利突围，但是部队损失惨重，大部分牺牲、失散。后经讨论决定，分批疏散，个人突围，自己想办法返回照金。刘志丹隐蔽在终南山中，饥寒交迫，贫病交加，在这种异常困难的条件之下，带病坚持两个多月，最后他们化装成小商小贩，担了个货郎担子突围下山。由临潼附近过渭河，经高陵、三原，过洛川、保安，又绕南梁、马栏，转了很大个圈子，回到照金根据地，其他同志也都化整为零，有的经过渭南回

---

① 编委会编. 习仲勋在陕甘宁边区 [M]. 北京：中国文史出版社，2014 年版，第 58 页.
② 薛庆超. 陕甘革命根据地的历史地位 [N]. 光明日报，2014-06-04.

到照金，有的经过西安回到照金，有的还绕道山西，由河津西渡黄河回到照金①。正是在群众的帮助和保护下，刘志丹等人才分头回到了照金，最终保存了部队的核心和实力。

然而大敌当前，由于杜衡的被捕叛变，使中共陕西省委机关及关中、陕南的党组织遭到严重破坏，照金苏区因失掉红军主力的依靠，陷入敌军的重重包围之中，无处安身，连吃饭都成了问题。尽管如此，习仲勋等还是充满信心，坚持斗争，他们采取的方针是保存力量，以游击战保卫陕甘边照金。习仲勋等在淳化、旬邑、耀县一带及薛家寨周围，发动群众、壮大游击队，全力保护着这个危机中的红色区域。②就在照金苏区危急之时，在杨虎城部队任骑兵团长的共产党员王泰吉毅然率部起义，习仲勋欣喜万分，不顾伤痛，亲自带领部队接应起义队伍。王泰吉率起义部队到来，壮大了照金苏区的军事力量，却并未改变敌强我弱的现实。面对敌军重兵围剿，根据地形势仍然十分严峻。③

陈家坡会议后，照金苏区得到巩固。1933年10月，国民党调集重兵先后向薛家寨发起两次大规模围攻，我留守人员奋起抗敌，但因叛徒从后山引路偷袭，我军腹背受敌、寡不敌众，薛家寨失守，被迫突围转移。在保卫薛家寨的斗争中，耀西游击队总指挥李妙斋牺牲。红四十二师师长王泰吉被捕后无论在敌人的法庭上或者在监狱中，他始终保持着共产党人宁死不屈、视死如归的英雄气概，和敌人坚决斗争到底，直到生命的最后时刻，还写了铿锵有力的《绝

---

① 万生更. 照金精神探析 [J]. 党史博采（理论），2010-04-20.
② 编委会编. 习仲勋在陕甘宁边区 [M]. 北京：中国文史出版社，2014年版，第67页.
③ 中央电视台六集文献纪录片《习仲勋》第一集《烽火陕甘》解说词.

命诗》："崤函振鼓山河动，万关频翻宇宙红。系念胞泽千里外，梦魂应在案愁容"。1934 年 3 月 3 日王泰吉在西安英勇就义，年仅28 岁。

照金苏区失守后，刘志丹和战友们一直苦苦思索如何建立更加巩固的根据地。1933 年 11 月，在刘志丹提议下，中共陕甘边特委和红军临时总指挥部转移至甘肃合水包家寨时召开联席会议。根据刘志丹提出的狡兔三窟的设想，决定重建红二十六军，成立四十二师，开辟三路游击区，陕甘边革命根据地中心从铜川照金转移至陇东南梁。进入了以南梁为中心开展游击战争，巩固和扩大陕甘边根据地时期[①]。

二、独立自主、开拓进取的创新勇气

陕甘革命根据地之所以能够在自然环境极端艰苦的西北、在远离中共中央的情况下建立和发展起来，靠的就是以刘志丹、谢子长、习仲勋为主要代表的西北共产党人独立自主、开拓进取的创新勇气。他们善于把中国共产党的马克思主义世界观与陕甘地区的革命形势、与群众的生产生活实际相结合。他们科学评判敌我实力、斗争形势，根据客观实际科学研判并做出决策，依靠自我独立自主地主动探索、排解困难、勇敢做出决策，表现出政治上的成熟和担当，为党的革命根据地建设和中国革命道路做出了积极的贡献。

坚持把工作重心放在农村。大革命形势发生变化后，刘志丹、

---

① 　中央电视台六集文献纪录片《习仲勋》第一集《烽火陕甘》解说词.

谢子长、习仲勋等西北共产党人，科学决策、主动探索马克思主义的中国道路，坚决贯彻工农武装割据的思想，及时把党组织的主要力量转移到农村，组织优秀党员深入农村，发动农民，进行轰轰烈烈的土地革命，把开展武装斗争与发动贫苦农民开展分地、分粮、分财物，抗税、抗租、抗债、抗粮、抗款结合起来，把建立红军和游击队同开创农村革命根据地结合起来，把土地革命与建立工农政权结合起来，把游击战与运动战结合起来，逐渐赢得了主动，打开了新的局面。[①]

1933年6月17日在照金北梁会议上，杜衡不顾刘志丹等人的劝阻，主张放弃苏区，强令红二团南下渭华建立新的根据地。北梁会议的错误决定，导致根据地主力红二团南下惨遭失败，加之中共陕西省委遭到空前破坏，陕甘边根据地因失去上级领导和主力支撑，而陷入严重的危机之中。但是，刘志丹、谢子长、习仲勋等共产党人不气馁、不懈怠、不动摇，坚持把工作重心放在农村，推动陕甘地区革命形势不断向前发展。

坚持走具有陕甘特色的革命道路。习仲勋认为，"梢林主义"是创建农村革命根据地的马克思主义。把根据地叫作"梢林"，这是从三原、渭北平原碰钉子碰出来的。在敌我力量对比上，革命力量处于劣势，处于敌人的四面包围之中。在平原上对于敌人有利，对于革命力量则有害。"梢林"距敌人统治中心较远，其统治力量鞭长莫及，有利于根据地的开拓和发展。虽然"梢林"人口稀少，经济文化落后，环境极其艰苦，但是当地群众有强烈的土地革命愿望。因

---

① 薛庆超. 陕甘革命根据地的历史地位［N］. 光明日报，2014－06－04（14）.

此，共产党组织总是先进行群众工作，然后组织武装队伍，开辟根据地，建立革命政权。对于根据地建设，不搞孤立主义，在确定中心区的基础上，以主力红军为骨干，建立多处游击区，扩大回旋余地，互相呼应配合，把革命力量的积聚和扩大统一起来。①

坚持革命统一战线。在照金根据地的建设问题上，当时的省委领导人杜衡极力推行"左"的错误做法，"不顾敌强我弱的客观条件，一定要打硬仗，去攻占敌人强固的城镇据点；刚打下一块地方，还没有很好把群众组织起来，就要马上平分土地，结果中农恐慌，富农逃跑。"②习仲勋坚决反对这种"左"的错误做法，他非常赞同刘志丹提出的"革命需要建立统一战线，敌人越少越好，朋友越多越好。我们增加一分力量，敌人就减少一分力量"的主张，注意开展统一战线工作。对同国民党政权有矛盾的地方武装，总是努力进行争取团结；凡是同情、倾向革命的地方势力，都热忱相待；对根据地周围的民团进行认真分析，能团结就团结，能使其中立就使其中立，只打击顽固的。对一时不明白党的政策的国民党内开明人士、老知识分子，习仲勋也首先尊重他们，向他们讲道理，当他们知道共产党人是为国为民有大志的人，都点头称赞："上面把你们说成是反贼，我也以为你们是草莽英雄，胡闹哩。你们原来都是治世英才。"后来一些在群众中有威信的知识分子参加了革命，群众说："共产党本领真大，人都愿意跟他们走。"③坚持革命统一战线，对减少敌对势力，增加革命力量发挥了重要作用。

---

① 薛庆超.陕甘革命根据地的历史地位［N］.光明日报，2014-06-04（14）.

② 习仲勋.群众领袖 民族英雄［N］.人民日报，1979-10-16（03）.

③ 习仲勋.难忘的教诲［N］.人民日报，1993-10-24（05）.

三、从实际出发、密切联系群众的工作作风

在创建照金革命根据地过程中，刘志丹、谢子长、习仲勋等始终相信群众、依靠群众、植根群众、服务群众，成为以照金为中心的陕甘根据地著名群众领袖。

始终不渝地坚持依靠群众。照金苏区，以刘志丹、谢子长、习仲勋为主要代表的西北共产党人依靠群众、艰苦奋斗，战胜了极度的困难，渡过了经济的困境。1932年秋天，刘志丹和谢子长等领导的陕甘工农游击队出发游击，筹粮筹款，征集冬衣。习仲勋到照金北面的金刚庙向刘志丹汇报工作。刘志丹殷切地嘱咐习仲勋说："你是关中人，还种过庄稼，能跟农民打成一片，你一定要做好根据地的开展工作。队伍走了，你们会遇上很大困难，但只要政策对头，紧紧依靠群众，困难是可以克服的。"[①] 他还留下他的特务队，由习仲勋领导，开展游击运动，建立以照金为中心的陕甘边根据地。习仲勋按照刘志丹的嘱咐，走村串户，做深入细致的调查研究和群众工作，牢牢把握群众的思想脉搏，相继组织起农会、贫农团、赤卫队和游击队。在发动群众进行分粮斗争的基础上，建立了工农政权——陕甘边革命委员会。习仲勋后来深情地说："我们和群众休戚相关，生死相依，血肉相连，受到广大农民的拥护。许多青年要求参军，陕甘边几支游击队如雨后春笋般建立起来了。至此，照金根据地才初具规模。"[②]

---

① 习仲勋．群众领袖 民族英雄［N］．人民日报，1979-10-16（03）．
② 习仲勋．群众领袖 民族英雄［N］．人民日报，1979-10-16（03）．

始终不渝地坚持武装群众。1933 年，刘志丹在照金苏区见到习仲勋后说："现在我们党的领导干部，大部分是中学生或大学生，不了解实际。基层干部又大都不识字。你是中学生，又会做庄稼，了解农民，这是你的长处。"[1] 刘志丹让习仲勋多做社会调查，学会团结各阶层的人士，听取不同意见。习仲勋按照刘志丹的嘱咐，一方面发动群众掀起土地革命的热潮，进行分粮斗争；另一方面在各区、乡、村组建了农民赤卫队和少年先锋队。赤卫队和少年先锋队均由贫苦农民和少年儿童组成，在站岗放哨、肃清敌特、维护革命秩序、保卫斗争成果、配合红军和游击队开展游击战争等方面发挥了重要的作用。

始终不渝地坚持植根群众。照金苏区，习仲勋和农民群众一起种庄稼，建立了深厚的感情，群众"有些是把兄弟"，后来发展成为积极分子，成为照金地区第一批革命骨干。习仲勋经常像走亲戚一样去群众家里串门唠嗑，并在实际行动中帮助群众排忧解难，以深厚的感情密切联系群众，赢得了群众的爱戴与保护。1933 年 5 月，习仲勋在运粮途中遇土匪袭击受伤，被边区群众抢救回薛家寨，进行悉心照料。年底，习仲勋在薛家寨附近的农村秘密开展工作，因为"他有群众基础，白天藏入密林，晚上出来坚持做群众工作。"习仲勋回忆，一位姓王的农民老大娘，"半夜里把我从山林中叫回来，在她家里给我吃米饭，做猪耳朵肉，有时还把白糖也送来给我。"[2] 毛泽东赞誉他是"从群众中走出来的群众领袖"。在照金苏区，由于刘志丹、习仲勋等领导人从来不摆官架子，和群众打成一片，群众

---

① 习仲勋. 难忘的教诲［N］. 人民日报，1993 - 10 - 24（05）.
② 富平县淡村镇习仲勋纪念馆提供.

见到刘志丹、谢子长、习仲勋等就像见到亲人一样，老百姓亲切地叫刘志丹、谢子长"老刘"、"老谢"，称习仲勋"乡党主席"①。

以刘志丹、谢子长、习仲勋为主要代表的西北共产党人从实际出发、密切联系群众的工作作风，赢得了边区群众的真心拥护和支持，也为根据地的发展壮大提供了坚实保障。陕甘边革命根据地赢得了群众最衷心的拥护和最广泛的支持。群众积极参军参战，支持边区、保卫家园，使根据地不断发展壮大，最终成为党中央选择的长征落脚点。

刘志丹、谢子长、习仲勋等陕甘边革命根据地领导人，在波澜壮阔的照金苏区革命实践中淬炼出来的伟大照金精神，是我们党的宝贵精神财富，我们要永远铭记，世代相传。照金精神不怕牺牲、顽强拼搏的英雄气概，独立自主、开拓进取的创新勇气，从实际出发、密切联系群众的工作作风，是以坚定理想信念作支撑，具有照金苏区特色的崭新思想品质和精神风貌，构成了我们党革命精神史上的重要一环，闪耀着中国共产党人独特而又鲜明的政治本色、价值坐标和精神特质。

第二节　照金精神的时代价值

精神是一个民族的灵魂，是一个国家富强和繁荣的强大支柱。照金精神是刘志丹、谢子长、习仲勋等陕西共产党人在创建陕甘边革命根据地的过程中逐步形成的一种革命精神，是升华了的民族精

---

① 陕甘边根据地与中国革命研究课题组. 论陕甘边革命根据地"硕果仅存"的历史必然性［J］. 中共党史研究，2011 - 10 - 15.

神，是展示中国共产党人形象的群体精神。作为一种道德情操和精神风貌，在新的历史时期，照金精神仍然具有不可磨灭的时代价值。

一、照金精神是中国共产党的宝贵精神财富

中国共产党诞生 90 多年以来，历经革命、建设和改革开放各个时期，每个阶段都培育形成了独特的精神传统。这些精神传统汇集起来，形成了彰显政党性质、反映民族精神、体现时代要求、凝取各方力量的伟大的中国共产党精神。[①]

照金精神与实事求是、敢闯新路，坚定信念、矢志不移，依靠群众、艰苦奋斗为主要内容的井冈山精神；与坚定正确的政治方向、解放思想实事求是的思想路线、全心全意为人民服务的根本宗旨、自力更生艰苦奋斗的创业精神为主要内容的延安精神既一脉相承，又具有自己鲜明的特色。这些精神都是革命战争时期中国共产党精神的重要组成部分，是我们党的宝贵精神财富。今天，全面从严治党也需要从照金精神中汲取力量。

从照金精神中汲取从严治党的力量，我们就要像刘志丹、谢子长、习仲勋那样，始终不渝坚守共产主义理想信念，坚守共产党人精神追求，无论遇到什么困难和挫折都不动摇或背离理想信念。忠于党、忠于人民，增强主动担当、积极作为的勇气，充分发挥模范带头作用。就要像他们那样坚持实事求是，深入调查研究，一切从实际出发，说实话、办实事、求实效，扎扎实实做好每一项工作。

---

① 梅黎明主编 . 精神永存——中国共产党精神概说［M］. 北京：中国发展出版社，2014 年版，第 2 页 .

就要像他们那样，始终把人民放在心中最高位置，把一切为着人民群众的根本利益而奋斗作为自己的根本宗旨，把最广大的人民群众组织和团结在自己的周围，与人民群众建立起荣辱与共、血肉相连的密切联系。继承和发扬党的密切联系群众的优良作风，进一步改进作风，真正做到一切为了群众、一切依靠群众，立党为公、执政为民，不断夯实党执政兴国的牢固根基。

二、照金精神是坚定理想信念教育的生动教材

"照金精神"揭示了一个深刻的道理：坚定理想信念、艰苦奋斗、勇于探索，始终是共产党人干事创业的根本，是共产党人战胜一切困难的力量源泉。

坚定理想信念，要体现在增强定力上。理念是行动的基础，有信念才能有定力。刘志丹、谢子长、习仲勋为主要代表的西北共产党人在革命战争年代不怕牺牲、顽强拼搏的英雄气概，独立自主、开拓进取的创新勇气，从实际出发、密切联系群众的工作作风，都是源于坚定的信仰，源于对党的事业矢志不渝的追求，这体现的就是定力。

弘扬"照金精神"，就必须认真贯彻落实习近平总书记的要求："必须坚持坚定正确的政治方向，有坚定的马克思主义信仰、坚定的社会主义和共产主义信念，并为这种理想信念矢志不渝奋斗，无论遇到什么困难和挫折都不动摇或背离理想信念；必须有全心全意为人民服务的公仆情怀，心中时刻装着国家和人民，自觉为党的事业和人民幸福鞠躬尽瘁，死而后已；必须对党忠诚，知行合一，言行

一致，表里如一，政治品质优秀，道德情操高尚，脱离一切低级趣味，时时处处以榜样力量感召干部群众。这些要求的核心，是做政治上的明白人，政治能力要强，思想定力、战略定力、道德定力要特别过硬，经得起大风大浪考验。政治上的坚定源于理论上的清醒。要自觉加强理论学习，掌握马克思主义立场、观点、方法，同时要用各种科学知识把自己更好武装起来，增强政治敏锐性和政治鉴别力"。要将理想信念落实到行动中，就必须要以钉钉子的精神坚决执行，把党的各项方针政策彻彻底底的抓到位、落扎实、贯到底，绝不能让"最后一纳米"的问题影响在党和国家事业的发展，影响党在人民心目中的地位和形象。

坚定理想信念，要体现在敢于担当上。担当精神是中国共产党人的鲜明政治品格。中国共产党从诞生的那一刻起，就是为了团结带领中国人民实现中华民族的伟大复兴。可以说，中国共产党就是为担当而生，其成立本身就是为了"担当"起民族崛起的历史重任。无数革命先辈赴汤蹈火、英勇就义，他们毫不利己、专门利人的精神，就是对国家对民族对人民那一份责任担当。在全面深化改革的关键时期，弘扬"照金精神"，必须强化担当意识。共产党人必须时刻坚持理想信念，把信念体现在实际行动中，体现在干事创业中。每一位共产党人都有责任担当、都有岗位担当，每一位领导干部更有每个干部的担当。

要为党担当，坚持在党爱党、在党言党、在党忧党、在党为党，归根到底一句话，就是要在思想上政治上行动上同党中央保持高度一致。要为事业担当，强化责任意识，敢于负责，敢作敢为，使各项工作既为一域争光、又为全局添彩。

要为人民担当，坚持"一切为了人民、一切依靠人民"。发展成就由人民创造，发展成果由人民共享，要使全体人民共享改革发展的成果，使人民享有更多改革发展中的获得感。习近平总书记强调："要坚持把增进人民福祉、促进人的全面发展、朝着共同富裕方向稳步前进作为经济发展的出发点和落脚点。"中国共产党是人民群众的党，要始终秉承为人民群众服务的意识，想方设法为人民群众服务，只要有利于人民群众的事情，不仅要办，而且要办好，办得让人民群众满意。

三、照金精神是践行党的群众路线的集中体现

从实际出发、密切联系群众的工作作风是照金精神的核心内涵，也是照金精神的鲜明特色。刘志丹、谢子长、习仲勋为主要代表的西北共产党人，用一生实践书写"群众路线"四个大字。在创建陕甘革命根据地过程中，他们坚持党的群众路线和群众观点，一切为了群众，一切依靠群众，从群众来，到群众中去，把经常深入群众，做深入细致的调查研究当作开展各项工作的根本方法。刘志丹在每次进行重大的军事行动之前，都要召开战士委员会会议，由各单位选出代表参加，共同研究敌情和战争打法。习仲勋"调查研究——群众路线"的思想和方法，是我们党一笔极为珍贵的财富，值得每一位共产党员，特别是党员领导干部深入学习，大力弘扬。

当前，我们正处在全面建成小康社会的决胜阶段。确保如期全面建成小康社会，为实现第二个百年奋斗目标、实现中华民族伟大复兴的中国梦奠定更加坚实的基础，是每一位共产党人神圣而光荣

的历史使命。新的发展时期，我们虽然没有了随时经历血与火、生与死的考验，但同样需要党员干部继承弘扬"照金精神"，锤炼坚定的理想信念和崇高的意志品格，树立对党和人民的事业无限忠诚的奉献精神，发扬不怕牺牲、顽强拼搏的英雄气概，培养独立自主、开拓进取的创新勇气，坚持从实际出发、密切联系群众的工作作风。唯有如此，才能发挥各级党组织的战斗堡垒作用和党员先锋模范作用，才能激励广大干部开拓进取、攻坚克难，更好带领群众全面建成小康社会。

第三节　继承和弘扬照金精神

历史风云虽已远去，照金精神历久弥新。无论现在和将来，我们都要坚持继承先烈遗志，大力继承和弘扬照金精神。

实现中国梦需要继承和弘扬照金精神。实现中华民族伟大复兴，是近代以来中国人民最伟大的梦想。在风雨如晦的革命战争年代，老一辈革命家在照金发动红色革命，就是为了团结带领人民群众争取当家做主、过上美好生活，实现"国家富强、民族振兴、人民幸福"。新的历史时期，我们一定要大力继承和弘扬照金精神，加快老区发展，使老区人民共享改革发展成果，把让老区人民过上更加幸福美好的的振兴梦想融入伟大的中国梦，谱写中国梦的新篇章。这既是我们党坚持全心全意为人民服务的重要体现，也是到 2020 年全面建成小康社会的具体行动。

推动改革创新需要继承和弘扬照金精神。照金苏区时期，以刘志丹、谢子长、习仲勋同志为代表的中国共产党人以马克思主义基本原理为指导，坚持走农村包围城市、武装夺取政权的道路。同时一切从实际出发，在实践中又形成了自身特点，获得了许多新的经验。照金苏区的经验启示我们，要始终坚持马克思主义基本原理同中国具体实际相结合，求真务实、开拓创新。今天，我们高举中国特色社会主义伟大旗帜，坚持全面建成小康社会、全面深化改革、全面依法治国、全面从严治党的战略布局，统筹推进经济建设、政治建设、文化建设、生态文明建设和党的建设，确保如期全面建成小康社会，唯有解放思想、实事求是、与时俱进、开拓创新，才能建成高质量的小康社会，为实现第二个百年奋斗目标、实现中华民族伟大复兴的中国梦奠定更加坚实的基础。

改进工作作风需要继承和弘扬照金精神。照金苏区时期，刘志丹、谢子长、习仲勋同志为代表的中国共产党人坚持密切联系群众，铸就了血浓于水、鱼水相依的党群干群关系。今天，经济发展了，条件改善了，仍然要发扬照金苏区时期的革命干劲和勤俭节约之风，秉承艰苦奋斗、清正廉洁、无私奉献的优秀品质。密切联系群众，改进工作作风要从照金精神中汲取力量。要坚持党要管党、从严治党，不折不扣落实"三严三实"要求，教育引导党员、干部自觉以民为师、以民为镜、以民为秤，勤恳为群众办事，自觉接受群众监督。

实现老区脱贫致富需要继承和弘扬照金精神。习近平总书记在陕甘宁革命老区脱贫致富座谈会上的讲话中指出："经过新中国成立60多年特别是改革开放30多年的快速发展，老区面貌发生了深刻变化，老区人民生活有了显著改善。但是，一些老区发展滞后、基础设施落后、人民生活水平不高的矛盾仍然比较突出，特别是老区还有数量不少的农村贫困人口。全国 592 个国家扶贫开发工作重点县中，老区县 307 个，占一半以上。我们实现第一个百年奋斗目标、全面建成小康社会，没有老区的全面小康，特别是没有老区贫困人口脱贫致富，那是不完整的。"他还强调指出："加快老区发展步伐，做好老区扶贫开发工作，让老区农村贫困人口脱贫致富，使老区人民同全国人民一道进入全民小康社会，是我们党和政府义不容辞的责任。"在全面建成小康社会决胜阶段，各级党委和政府要深入学习贯彻习近平总书记系列重要讲话精神，大力弘扬照金苏区精神，传承红色基因，增强使命感和责任感，真抓实干，着力实施精准扶贫，精准脱贫，确保老区人民与全国人民同步全面建成小康社会，过上更加富裕幸福的生活。

图 2-1　行走革命热土 追寻红色记忆——
国家行政学院第 29 期厅局级公务员任职培训班赴照金教学（一）

图 2-2　行走革命热土 追寻红色记忆——

国家行政学院第 29 期厅局级公务员任职培训班赴照金教学（二）

图 2-3　行走革命热土 追寻红色记忆——

国家行政学院第 29 期厅局级公务员任职培训班赴照金教学（三）

图 2 - 4 国家行政学院第 29 期厅局级公务员任职培训班开班式

第三章

照金苏区时期的群众路线

在以照金为中心的陕甘边革命根据地创建和发展时期，以刘志丹、谢志长、习仲勋为主要代表的西北共产党人，始终坚持从实际出发、密切联系群众的工作作风。他们紧紧依靠人民群众在根据地进行了一系列经济、政治、文化教育建设，使党的群众路线在陕甘边根据地得到了彻底的贯彻和落实。

第一节　　照金苏区时期群众路线的实践形式

照金苏区时期，刘志丹、习仲勋等领导人勇于实践，善于总结，积累了开展群众工作，自觉践行党的群众路线的丰富经验。

一、深入开展调查研究

在创建陕甘革命根据地过程中，刘志丹、谢子长、习仲勋等经常和同志们一起，深入群众，深入实际，深入基层，一村一村地做调查研究，一家一户地做群众工作。通过调查研究，掌握了大量第一手资料，为创建陕甘革命根据地奠定了基础。在照金这一带方圆几十里，适合耕种的土地，大多数被当地的大地主占领，剩余的在照金附近的香山寺院手中。照金当地的老百姓，生活凄苦不堪，生活在水深火热之中。苛捐杂税、兵祸匪患的压榨之余，连续数年的灾荒，又使这里聚集了来自河南、山东、四川和关中地区所谓"三省十二县"逃荒饥民，更使照金的贫困雪上加霜。挣扎在生死线上的贫苦农民，反抗精神和革命要求越发强烈，为照金的革命埋下了革命的种子。受到陕甘游击队和渭北革命根据地的游击战争、共产党土地革命的影响，广大老百姓对革命发自内心的期待。在照金游击战争的影响下，当地的一些农民武装相继建立起来。这里地域偏僻，国民党统治相对薄弱。照金地区特殊的地理地形和良好的群众基础，受到了中共陕西省委乃至中共中央的重视。① 曾经保证中国革命和建设事业胜利和成功的调查研究，作为我党的一项基本工作方法和优良传统得到了传承。

二、土地革命解决农民问题

农民问题是中国革命的中心问题，而农民问题的关键核心是土地问题。开展土地革命，铲除封建的土地所有制，是广大农民的迫切要求。

在照金，土地被地主和寺院掌控，农民惨受剥削，生活困苦，特别是从异乡他地好不容易来到照金的群众，有着对土地的强烈要求。这些群众是照金革命的土壤，他们与红军是心连心的，对保卫根据地、保卫土地革命成果是极力支持的，有力地推动了根据地的创建和发展。

---

① 编委会编.《习仲勋传》上卷［M］.北京：中央文献出版社，2008年版，第121-122页.

　　在创建陕甘边革命根据地的斗争过程中，刘志丹、谢子长、习仲勋等领导在依靠群众、发动群众的基础上，相继组织起农会、贫农团、赤卫队和游击队，开展了以打土豪、分浮财、废除地主债权等为内容的土地革命斗争。土地革命斗争作为创建陕甘革命根据地时期的重要政策，解决了农民的土地问题，获得了广大农民的拥护和支持，对以照金为中心的陕甘边革命根据地的发展具有重要的意义。

　　1929年是陕西历史上有名的"民国十八年大年馑"。关中、陕北连续三年自然灾害，庄稼几乎颗粒无收。军阀的残酷盘剥、土匪的掠夺和骚扰，三秦百姓贫困潦倒、关中陕北饿殍遍地。地主豪绅借灾荒催租逼债，高利盘剥，圈地强吞，鱼肉百姓。为解救老百姓于水深火热之中，照金根据地各苏维埃政府和革命委员会的土地委员会，把群众组织起来，打倒土豪劣绅，开展土地革命。在具体的措施和做法上，一方面直接没收地主和反动富农的土地，把他们的祠堂、庙宇和公共土地，按照人口数量和劳动力数量分配给贫农和雇农，对中农也进行适当的土地补充。仅芋园、金盆、香山等地就分配土地7 000多亩。实行土地革命消灭了两千年来的封建剥削制度，解决了农民最迫切的土地问题，极大地调动了广大贫苦农民的革命积极性。[①]

三、激活生产减轻农民负担

　　照金是典型的陕北山区，土地贫瘠，农业生产条件落后，老百

---

① 《耀县志》编纂委员会编．耀县志［M］．北京：中国社会出版社，1997年版．

姓生活极为艰难。照金革命根据地建立后，边区苏维埃政府即着手通过改变生产关系减轻农民负担、支持农业生产，提高生产自救能力和生产生活水平。边区的巩固发展，得益于予民生息，促进生产的政策①。一是不向农民征粮、派款，使其休养生息。党政军的开支主要靠分得土豪的粮、财解决。二是经营"红军公田"。在分配土地的过程中，适当留出一部分土地由村苏维埃政府经营，收成一部分用于优抚红军家属和烈属，一部分用于过往红军和游击队食用。三是兴办小牧场。将没收地主的牛羊留出一部分，组织专人集中放养。耕牛为贫苦农民耕田，羊只供军需。四是组织互助合作社，集资支持农民发展生产。五是党政军人员全部实行供给制，边区领导人与一般工作人员、红军战士经济待遇一律平等。那时，为调剂余缺，促进流通，根据地内开设了贸易集市。照金苏区，薛家寨亭子沟曾设立集市，五日一集，主要是为红军收购粮食和其他生活用品。对来往国民党统治区的商人，苏维埃政府采取欢迎和保护的政策，并通过各种办法，同开明商人建立合作关系。同时，开展文化教育，组织群众扫盲识字，破除陈规旧俗，传播新思想和共产党的方针政策，对团结、教育人民，建设根据地起到了推动作用。

四、建立各级民主政府

1933 年春，陕甘边以照金为中心的根据地初具规模，中共陕甘边特委根据中央苏维埃《地方苏维埃组织法》关于"一切在暴动时

---

① 《耀县志》编纂委员会编．耀县志［M］．北京：中国社会出版社，1997 年版．

期的地方和红军新占领的地方组织临时政权机关——革命委员会"的规定，在耀县照金镇薛家寨召开了工农兵代表大会，选举产生临时政权机关陕甘边革命委员会，选举产生主席和副主席。

1933年4月5日，陕甘边区首届工农兵代表大会召开。候选人坐在长凳上，每人背后的桌子上都放有一个碗，代表们以豆子为选票，投在自己赞成的候选人身后的碗中。雇农周冬至当选为革命委员会主席，年轻的习仲勋当选为边区革命委员会副主席，被乡亲们亲切地称为"娃娃主席"。革委会下设土地、粮食、肃反、经济委员。此后，照金、香山、芋园、七界石、老爷岭、桃曲原、马栏川等区、乡、村革命委员会基层政权组织相继建立。一大批有觉悟、有威信的农民成为红色政权的领导骨干，一套新的革命秩序逐步建立。[①] 曾任红二团团长的王世泰回忆说："主席虽然是周冬至，但他是按上级必须选出一位雇农担任主席的要求而当选的，大量工作实际上是习仲勋做的。"通过建立红色政权和分配土地，照金革命根据地迅速扩大为横跨耀县、旬邑、淳化、宜君、同官等地，面积达2 500平方公里的广大区域。

五、开展文化教育

苏维埃政府还十分重视成人文化教育，在一些村庄办起了成人扫盲识字班。创办了红军干部学校，先后培养部队和地方干部200余人。高度重视妇女解放事业，在苏维埃政府的部门设置中，专门

---

① 编委会编.《习仲勋传》上卷［M］.北京：中央文献出版社，2008年版，第130页.

安排了妇女委员会，高敏珍、张景文先后担任妇女委员长。南梁政府成立后，张景文积极投身到妇女解放斗争当中，带领妇女学文化，宣传婚姻自由，倡导妇女放足，动员妇女走出家门，参加生产。

苏维埃政府广泛开展破除陈规陋习、移风易俗的活动，建立了禁烟、禁赌、放足委员会，发布了相应的法规，并制定了反对封建包办婚姻、反对封建迷信等条例，开展了以"劝破除迷信、劝戒赌博、劝戒鸦片烟、劝禁止买卖婚姻、劝妇女放脚、劝男子剪辫子"为内容的"六劝"活动①，用新思想、新文化教育影响群众，引导群众从封建思想的枷锁下解放出来。

第二节　照金苏区时期群众路线的成功经验

在照金苏区，主要创建者刘志丹、谢子长、习仲勋等领导人始终坚持群众观点、群众立场、群众工作方法，赢得了陕甘边区广大人民群众的拥护和支持，使这块硕果仅存的根据地在中国革命史上、中国共产党历史上写下了光辉的一页。

一、成功经验

在建立以照金为中心的陕甘边革命根据地过程中，刘志丹、谢子长、习仲勋等领导人始终把人民群众放在心中最高位置，对人民群众饱含热情，热爱群众、贴近群众、关心群众，把群众当作天，

---

① 袁武振，葛俊涛. 论习仲勋对陕甘边革命根据地的重要贡献［C］. 陕甘边革命根据地与照金苏区学术研讨会优秀论文集（二），2013－09－13.

总是高看一眼，始终把群众的事当作天大的事，总是先办一步，用俯首甘为孺子牛的群众情怀，深刻诠释了我们党是靠天吃饭的深刻道理。

心里装着群众，一切为了群众。习仲勋同志任南梁陕甘边区苏维埃政府主席期间，当地的老百姓都在传颂一个"主席背老汉"的故事。习仲勋同志有一次出门办事，看见一个老汉坐在路边，身体很虚弱，就执意要背他去医院，老汉推托不过就让他背了。习仲勋同志那时候才 20 多岁，身体素质好，背起老汉就走，一点不费劲，直到把他背到部队医院。后来，习仲勋同志走后，那个老汉才知道，背他的这个年轻后生，就是陕甘边区苏维埃政府主席。如果习仲勋同志没有把群众看得高，把自己看得低，怎么可能弯得下腰？就在习仲勋同志弯下腰的那一瞬间，我们党在群众中的形象就挺得直直的，群众这座靠山，已经稳稳地支撑苏维埃政权。①

注重宣传群众，放手发动群众。通过纲领性文件的制定和宣布，表达我党依靠群众团结群众的根本工作方法和思路。在建立苏维埃政权的过程中，陕甘边区负责人习仲勋和金理科、周冬至等，把走家入户当作家常便饭。一方面，经常深入山寨，到群众家中问寒问暖，开展调查研究；另一方面，通过入户调研动员，组织发动土地革命工作，直接把边区的土地革命推向高潮。他们坚决按照中华苏维埃中央政府颁布的土地法令，开展土地革命。革命委员会还明令宣布：废除地主佃租和国民党政府的一切苛捐杂税。土地分配运动激发了广大农民的革命热情，密切了党、军队、新生政权和人民群

---

① 胡登强. 老百姓的心 共产党的根［J］. 学习时报，2015－07－06（03）.

众的关系。

密切联系群众，改进工作作风。一切为了群众，一切依靠群众，从群众中来，到群众中去。这是中国共产党始终坚持的根本工作路线，是我们党长期斗争与实践中形成的传家宝。群众路线的基本遵循要求把党的正确主张变为群众的自觉行动。而走群众路线的基本前提，在于深入细致的调查研究。在当年的陕甘边区，习仲勋等把走群众路线当作每个干部的行动准则。陕甘边区苏维埃政府建立后，习仲勋向各级干部强调："对根据地群众开展工作，最主要的是政策对头，紧紧依靠群众，一家一户做工作，一家都不能落下。调查土地改革分配的情况，分配要做到公平合理。通过土地革命，从宣传群众到组织群众，条件成熟时就建立红色政权，巩固和扩大根据地。对红军家属开展工作时，要鼓励他们坚定信心，支持红军和边区政府。要了解他们的困难，及时解决。帮助他们孝敬老人、抚养子女……对他们的家属要经常宣传、争取和教育，详细了解他们的各种情况，生活困难的要适当接济。"① 为了了解政府的政策法令贯彻执行情况，他带头走村串户，深入到群众中间。到南梁没多久，就对周围几十个村镇的情况了如指掌。时任政府秘书长的蔡子伟曾回忆说："几乎每逢集市，习仲勋和我们几个人都要出去转一转，听取老百姓各种意见反映。每次群众总是把我们围拢起来，问这问那，亲热极了。那时候，没有明文规定的商业税收制度，集市贸易真正起到了促进边区经济流通的作用。"②

① 薛庆超．陕甘革命根据地的历史地位［N］．光明日报，2014-06-04（14）．

② 蔡子伟．陕甘边根据地政权建设回忆．陕甘边革命根据地［M］．北京：中共党史出版社，1997年版，第627页．

二、重大意义

照金苏区时期群众路线的成功经验，对于把照金苏区的民众凝聚成一股强大的革命力量，进一步巩固和发展照金苏区，具有重大的意义。

（一）始终把党的利益放在第一位，对人民群众怀有深厚感情

这是陕甘革命根据地创建、发展和巩固的前提。在创建陕甘革命根据地过程中，刘志丹、谢子长、习仲勋等领导人始终坚持把党的利益放在第一位，始终坚持党的一切依靠群众的路线，相信群众、依靠群众、植根群众、服务群众，与人民群众打成一片，在人民群众中享有崇高威望，成为西北地区著名的群众领袖。毛泽东同志先后为刘志丹、谢子长题词："群众领袖，民族英雄"、"民族英雄"、"虽死犹生"，称赞习仲勋是"从群众中走出来的群众领袖"。

（二）设身处地为人民群众着想，从维护人民群众切身利益的角度去想问题、办事情

这是陕甘革命根据地创建、发展和巩固的基础。在照金，习仲勋领导照金人民深入开展了打土豪、分田地的土地革命斗争，建立起红色政权，使贫苦农民翻身做了主人。由于习仲勋等领导人和群众休戚相关，生死相依，血肉相连，受到广大农民的拥护。许多青年要求参军，陕甘边几支游击队如雨后春笋般建立起来了。一九八

六年八月，习仲勋在《陕甘高原，革命历程》的文章中详细记述了南梁苏区实行的十大政策。它在当时对于密切政府和人民群众的联系，具有重要的作用。

（三）以代表最广大人民利益为己任，奠定了中国共产党人在根据地人民心目中的地位

这是陕甘革命根据地创建、发展和巩固的关键。刘志丹、谢子长、习仲勋等陕甘边革命根据地的主要创建者和领导者，在艰苦的战争年代，忠实捍卫党和人民利益、模范执行党的路线方针政策，以代表最广大人民利益为己任，赢得了人民群众的高度信任和衷心拥戴。勤劳朴实的陕甘边革命根据地人民，竭尽所能提供人力、物力和财力，为陕甘边革命根据地建立和发展做出了极大贡献，最终使陕甘这块在土地革命战争后期"硕果仅存"的革命根据地得以保存，成为党中央、中央红军长征的落脚点和八路军奔赴抗日前线的出发点。

第三节　照金苏区时期群众路线的现实启示

在艰苦的革命战争年代，党的一切工作都有赖于发动组织群众，依靠党与群众的血肉联系，使革命力量得以保存，使根据地得以发展。20 世纪 30 年代初，杰出的共产党人刘志丹、谢子长、习仲勋等同志在陕甘边界地区开展武装斗争，创建了以照金为中心的陕甘边革命根据地。在创建陕甘边革命根据地的过程中，党和政府自觉从实际出发，深入调查研究，采取灵活有效的群众工作方法，组织动

员群众，充分依靠群众，战胜敌人，克服困难。"照金精神"是党践行群众路线的实践结晶，是我党的宝贵精神财富，是党的群众路线的精神之源，力量之源。在全面建设小康社会和实现中华民族伟大复兴"中国梦"的关键阶段，我们更要继承和弘扬照金精神，进一步汲取思想、凝聚力量，牢记党的光辉历史，保持党的优良作风，让群众路线发扬光大。

一、"群众路线"是照金精神的精髓

照金精神是中国共产党宝贵的精神财富，是伟大的中华民族精神。2015年2月14日，习近平总书记视察照金时提出，"要深入研究革命根据地历史，总结历史经验，更好发扬革命精神和优良作风"。深入梳理研究照金革命历史，挖掘照金精神，可以发现，"照金精神"具有对党和人民的革命事业的忠诚精神、独立自主的求实创新精神、团结奋斗依靠群众的合作精神、坚忍不拔勇于牺牲的奉献精神等特定内涵，其精髓就在于走群众路线，保持党和人民之间的血肉联系，一切为了人民，一切依靠人民，一切服务人民。

（一）"照金精神"集中体现了中国共产党一切为了人民的群众工作立场

中国共产党自成立那天起，就把为人民谋利益作为自己的使命。党带领人民闹革命，推翻旧社会，建立新中国，就是为了解放人民，让人民翻身做主人。照金革命时期，陕甘边区苏维埃政府的建立，是党在陕甘边实行民主政治的有益尝试。苏维埃政权给予一切过去被剥削被压迫的民众以完全的选举权和被选举权，人民群众从民主制度中首次表达自主的意愿，首次掌握自己的政治命运，首次成为自己的主人。同时，苏维埃各级政府实施工农兵代表会议制度，吸收工农群众参加并管理自己的政权，极大地增强了陕甘边区人民参与管理自己政权的主人翁意识，促进了政府各项政策法令的贯彻执行，广大人民群众享受到了当家做主的权利和自由。

（二）"照金精神"集中体现了中国共产党一切依靠人民的群众工作方法

人民群众是党的力量源泉和胜利之本。毛泽东指出，"人民，只有人民，才是创造世界历史的动力"。1933 年 8 月，在陕甘边根据地面临重大危机的生死关头，由习仲勋等同志主持在照金的陈家坡召开了陈家坡会议，对陕甘边根据地的存留、革命队伍的领导权等问题展开了激烈争论。陕甘边根据地的领导人，特别是习仲勋同志，信念坚定，顾全大局，原则性非常强，坚决坚持了一切依靠群众的群众路线，对会议达成正确决定发挥了重要作用。经过耐心说服教育，启发群众觉悟，动之以情、晓之以理，得到了群众的支持和拥护，最终在大局上达到了团结和统一。陈家坡会议总结了陕甘边革命陷入低潮的经验教训，坚持实事求是的思想路线；理顺了照金游击队、耀县游击队和起义部队三支革命有生力量，形成了集中统一的指挥；抵制了"左倾"错误路线的干扰，制定了正确的作战方针。对于恢复重建西北主力红军，实现军事战略重大转折都起到了决定性的作用。

此后，在巩固和发展陕甘边根据地的过程中，党充分发动群众力量开展工作。在艰难的照金革命岁月，获得新生的人民群众热爱自己的政权，积极保卫自己的政权，陕甘边根据地由此得到迅速发展，并独立自主地探索了一条适合陕甘边斗争实情的、正确的军事路线，形成了陕甘边的马克思主义思想——"梢林主义"，形成了中国共产党的宝贵精神财富——"照金精神"。

（三）"照金精神"集中体现了中国共产党一切服务人民的群众工作宗旨

陕甘边地区地处西北偏远农村，经济落后，人民生活困难，为了发展生产，提高和改善人民生活，陕甘边区苏维埃政府制定和实施了著名的"十大政策"，即：土地政策、财经粮食政策、军事政策、对民团政策、对土匪政策、各种社会政策、肃反政策、对知识分子政策、对白军俘虏政策、文化教育政策。在具体实施过程中，坚持把开展土地革命、发展生产和经济建设作为重要任务，赢得了群众的积极响应和大力支持。陕甘宁边区政府是为人民服务的政府，所以被誉为"民主的政府，廉洁的政府"。陕甘边革命根据地在军事、政治、经济、文化等各项事业方面取得的巨大成就，不仅满足了广大民众对于政治经济文化的迫切需求，也改变了边区群众的思想文化观念，为根据地巩固扩大发展奠定了坚实的基础。

总之，在照金革命时期，以刘志丹、谢子长、习仲勋为代表的革命领导人始终坚持群众路线，坚持把实现党的总目标同发动组织、团结依靠群众结合起来，培育了陕甘宁边区群众工作的优良传统，创造了群众工作的宝贵经验。在整个西北革命根据地的创建和发展中，正是靠着群众路线这个法宝，极大地提高了根据地军民的积极性，有力地促进和加强了根据地的武装斗争、党的建设和统一战线工作。党领导广大军民建立西北根据地的斗争持续了近十年之久，使西北革命根据地成为土地革命战争后期"硕果仅存"的一块革命根据地，成为中国共产党领导革命处于危难之际的再生地。

二、贯彻群众路线的基本要求

习近平总书记指出："群众路线是我们党的生命线和根本工作路线，是我们党永葆青春活力和战斗力的重要传家宝"。过去，西北革命根据地之所以能够成为土地革命战争后期"硕果仅存"的一块根据地靠的就是群众路线。今天，30多年改革开放所取得的丰硕成果，就与我们党较好地贯彻了党的群众路线密切关联，就是因为我们党始终坚持群众路线。当前，我国正处于全面深化改革新的伟大征程的关键时期，经济社会格局正在发生着深刻变革，利益格局面临着深度调整，思想观念已经发生深刻变化。人民群众的利益诉求、需求表达、利益维护方式都发生了巨大变化，整个社会进入矛盾突发期。群体性矛盾日益突出，党的群众工作出现了新情况、新问题。新形势下党统筹协调群众关系的难度在加大，一些党员和干部不能很好地坚持人民利益高于一切的党性原则，不闻民间疾苦、不问群众冷暖，不知民情民意、不晓民忧民怨，不尊重群众意愿、不维护群众权益，在思想意识和决策办事上损害了党同人民群众的血肉联系。因此，党的群众工作面临的新情况和新挑战，迫切要求我们坚持群众路线就必须始终坚持群众路线这一党的传家宝。弘扬"照金精神"，并结合新的时代条件将"照金精神"发扬光大。适应新形势新任务，弘扬"照金精神"，保持党同人民群众的血肉联系，要准确把握贯彻群众路线的基本要求。

（一）要有信仰，咬定青山不放松

中国共产党自诞生以来，一代代共产党人满怀坚定的理想信念，前赴后继、勇往直前。越是在困难时期、越是社会进步面临考验的时期，共产党人的革命意志就越坚定，为了革命事业不惜牺牲自身利益的精神越是牢靠。传承照金精神，首先就要坚定革命必胜的崇高信念，就要弘扬不惜牺牲一切的献身精神。要向刘志丹、谢子长、习仲勋等老一辈革命家学习。要胸怀大局、志存高远，任何时候、任何困难面前，都要有坚定的立场、坚定的信仰、坚定的意志。越是在党和人民需要的时刻，越是体现共产党人本质的关头，要勇敢地站出来、刚毅地顶上去，用实际行动向党和人民践行庄严的承诺。

（二）要有担当，一枝一叶总关情

在创建陕甘边革命根据地的过程中，刘志丹、谢子长、习仲勋为代表的西北共产党人，始终心系人民群众，不避寒暑，走村串户，挨家挨户，访贫问苦，展现了共产党人亲民为民的优良作风。新形势下，党执政后面临的最大的危险就是脱离群众。践行群众路线，做群众的贴心人，就要继续发扬亲民爱民的工作作风，善待民心民意，把群众的愿望和要求作为一切工作的出发点，把人民满意不满意，答应不答应作为检验工作的最高标准。时刻关注民生、倾听民意，迈开双腿、扑下身子，深入到基层，真正把重任扛起来，把工作干出色。

（三）要有情怀，俯首甘为孺子牛

让人民过上美好生活是党的长期奋斗目标和神圣职责。陕甘边区苏维埃政府制定和实施了著名的"十大政策"，改善了群众的生活，赢得了群众的大力支持。新形势下，贯彻党的群众路线，我们一定要始终高度关注并不断改善民生。习近平总书记强调："检验我们一切工作的成效，最终都要看人民是否真正得到了实惠，人民生活是否真正得到了改善。"当前，我国经济发展进入新常态，党员干部要攻坚克难，真抓实干，特别是对事关经济社会长远发展的大事，事关群众切身利益的要事，务必认真谋划，全力推进，多干一些群众迫切需要解决的事，多干一些多数百姓受益的事，以实实在在的发展成效取信于民。要充分保障并有效实现人民权益。我们党执政不仅要让人民群众的日子过得越来越好，而且要越来越有尊严，越来越有幸福感和自豪感。

（四）要有气节，只留清白在人间

清正廉洁是共产党人的基本品格之一。中国共产党之所以能由弱变强、以弱抵强，党的事业发展之所以能得到老百姓的拥护支持，照金苏区之所以能够在异常艰难的情况下燎原发展，很重要的一点就是清正廉洁。廉洁奉公成了共产党人的重要基因，并持续发挥着延续共产党优良传统的作用。毛泽东同志在 1927 年 3 月也曾倡导"廉洁政府"；在 1940 年 2 月又提出了"廉洁政治"的理念，并把"十个没有"（一没有贪污官吏；二没有土豪劣绅；三没有赌博；四没有娼妓；五没有小老婆；六没有叫花子；七没有结党营私之徒；

八没有萎靡不振之气；九没有人吃摩擦饭；十没有人发国难财）作为重要特征，要求全国都学习共产党领导的陕甘宁边区，"创造这样的廉洁政治"。面对新情况、新问题，提升领导干部思想政治素质，一个根本要求就是要保持党的纯洁性，在廉洁上突出干净刚正。党员干部要严以修身，恪守高尚的人格，要树立正确的权力观，正确对待和使用权力，才能真正赢得群众的拥护支持。

图 3 - 1　革命年代参与分地的群众

1933 年春，依据中华苏维埃政府《土地法》，陕甘边革命委员会发动苏区群众在芋园、金盆、绣房沟等几十个乡村开展土地分配运动。

专栏 3 - 1

习近平写给父亲的家书①

敬爱的爸爸：

今天是您的 88 周年生日，中国人将之称为米寿。若按旧历虚两岁的话，又是您 90 岁大寿。这是一个值得庆祝的大喜日子。昨晚我辗转反侧，夜不能寐，既为庆祝您的生日而激动，又因未能前往祝

———————————

① 来源：党建网微平台．2014 - 04 - 10.

寿而感到遗憾和自责。

自我呱呱落地以来，已随父母相伴48年，对父母的认知也和对父亲的感情一样，久而弥深。我从您身上要继承和学习的高尚品质很多，最主要的有如下几点：

一是学您做人。爸爸年高德劭，深受广大人民群众和我党同志、党外人士的尊敬。这主要是您为人坦诚忠厚、谦虚谨慎、光明磊落、宽宏大度。您一辈子没有整过人，坚持真理不说假话，并且要求我也这样做。我已把您的教诲牢记在心，身体力行。

二是学您做事。爸爸自少年就投身革命，几十年来勤勤恳恳、艰苦奋斗，为党和人民建功立业，我辈与您相比，实觉汗颜。特别是您对自己的革命业绩视如过眼烟云，从不居功，从不张扬，更值得我辈学习和效仿。

三是学您对共产主义信仰的执着追求。无论是白色恐怖的年代，还是极"左"路线时期；无论是受人诬陷，还是身处逆境，爸爸对共产主义的信念仍坚定不移，相信我们的党是伟大的、正确的、光荣的。您的言行为我们指明了正确的前进方向。

四是学您的赤子情怀。爸爸是一个农民的儿子，热爱中国人民，热爱革命战友，热爱家乡父老，热爱您的父母、妻子、儿女。您自己博大的爱，影响着周围的人们。您像一头老黄牛，为中国人民默默地耕耘着。这也激励着我将毕生精力投入到为人民服务的事业中去。

五是学您的俭朴生活。爸爸平生一贯崇尚节俭，有时几近苛刻。家教的严格，是众所周知的。我们从小就是在您的这种教育下，养成勤俭持家习惯的。这样的好家风我辈将世代相传。

此时此刻，百感交集，书不尽言，上述几点，不能表达我的心情于万一。我衷心遥祝尊敬的爸爸健康长寿，幸福愉快！

儿近平叩首

二〇〇一年十月十五日

三、新时代需要发扬照金精神

"照金精神"集中体现了"一切为了人民、一切依靠人民，一切服务人民"的党群关系理念，是中国共产党在领导革命和建设的实践中，培育形成的党同人民群众血肉关系和优良作风的展现。在新的历史征程中，我们必须更好地继承和弘扬"照金精神"，坚持以"照金精神"为引领，落实贯彻群众路线的基本要求，在实际的工作中，要做到以下几点，让群众路线发扬光大。

（一）牢固树立群众观点

陕甘边根据地的主要创建者刘志丹、谢子长、习仲勋都是群众观点、群众路线的伟大开拓者和坚定践行者。他们无论走到哪里，是什么身份，总是能同群众打成一片，真心诚意为群众谋幸福，赢得了最广泛的民心支持，真正是名副其实的"群众领袖，民族英雄"。坚持以"照金精神"为引领，就要从思想上牢固树立群众观点，提高对群众路线重要性、必要性和本质的认识，不断加强学习。一要向书本学习。学习马克思列宁主义的唯物史观，党史、党的文件、党章等，通过学习树立正确的人生观、价值观、政绩观，把握人类社会发展规律、社会主义建设规律、共产党执政规律，深入了解马克思列宁主义唯物史观的精神实质，真正把人民群众放在心中最高位置，二要向群众学习。真正了解和掌握人民群众的所盼所求，群众观念和群众感情是党的执政之基、动力源泉、思想基础，只有解决好对人民群众的感情和态度问题，才能站稳群众立场。

（二）始终把转变干部作风、树立良好形象作为目标追求

坚持以"照金精神"为引领，务必保持廉洁自律、密切联系群众的优良作风。"打铁还需自身硬"，只有在群众中树立起了"为民务实清廉"的形象，才能得到群众的信任。当前，首先要用马克思主义群众观武装和巩固全体党员，严格贯彻落实中央八项规定，切实解决个别党员的作风问题。坚决杜绝个人作风问题影响党在人民心目中的形象。对作风方面的问题，不仅要持续强化教育、保持高压态势、养成良好习惯，而且要发现一起严肃查处一起。把党的群众路线贯穿于各项工作的始终，作为党带领全国人民迈向全面小康社会的基本遵循。要着眼于自我净化、自我完善、自我革新、自我提高，巩固党的群众路线教育实践活动成果，始终把转变干部作风、树立良好形象作为目标追求。

（三）核心要解决好群众的利益问题

坚持以"照金精神"为引领，就要解决好群众最关心最直接最现实的利益问题。照金革命时期，开展土地革命，铲除封建土地所有制，就是解决当时人民群众最关心最直接最现实的利益问题。十

八大以来，以习近平为总书记的党中央，坚持民生民权为先，把民生建设与全面建成小康社会、实现中华民族伟大复兴的中国梦有机统一起来，从人民群众最关心、最直接的医疗、教育、户籍、社会保障等问题入手，着眼长远建立实现好、维护好、发展好群众利益的制度体系，真正让群众享受改革红利。加快推进民生领域体制机制改革，集中整治关系群众切身利益的突出问题，下大力量解决一批"骨头案""钉子案"，改革收入分配制度，优化就业环境，做好社会保障托底工作。以改革的办法健全和完善群众诉求表达、利益协调、权益保障机制，使群众话有地方说、事有地方办、困难有人帮、问题有人管。

（四）创新群众工作方式方法

在创建陕甘边革命根据地的过程中，党和政府自觉从实际出发，深入调查研究，采取灵活有效的群众工作方法，组织动员群众，充分依靠群众，战胜敌人，克服困难。坚持以"照金精神"为引领，还要与时俱进，不断创新群众工作方式方法。新形势下的群众工作，对象更加多元，内容更加丰富，环境更加复杂，难度不断加大，仅靠传统的工作方法已不能适应形势发展的需要。适应新形势的需要，创新群众工作方式方法，更好地服务、动员和组织群众。群众工作说到底是做人的工作。创新群众工作方法，最根本的还是要适应新的形势和人们思想观念的变化，倾注真情，带着感情，疏民怨、解民忧。现在随着人们的法律意识、维权意识普遍增强，政策水平明显提高，群众工作既要依法依据，更要讲究策略，方法得当。在工作中，善于把法律、经济、行政、新媒体技术等手段与协商、疏导、服务的办法结合起来，在服务中加强管理，用人性化的办法争取群众的支持。正确引导舆情民意，提高群众工作的实效性。

总之，我们要将"照金精神"作为践行党的群众路线的精神之源，力量之源。在新的实践中，让群众路线不断发扬光大，凝聚最广大人民群众的智慧和力量，努力建设中国特色社会主义现代化强国，实现中华民族伟大复兴的"中国梦"。

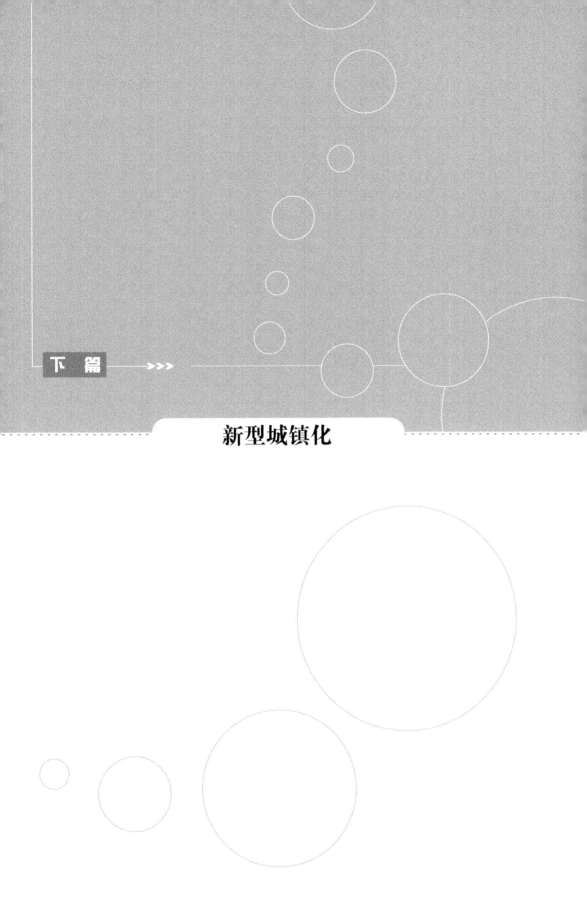

下 篇 >>>

新型城镇化

第四章

小城镇建设的"照金特色"

照金位于陕西省铜川市耀州区西北部,地处耀州区、淳化县、旬邑县三区(县)交界处,距铜川市新区41公里,距西安市98公里。总面积244平方公里,辖18个行政村、67个村民小组、188个自然村、2 897户。总人口11 233人,其中农业人口10 927人。

第一节 新型城镇化成效显著

改革开放以来,尤其是进入新世纪以后,照金以科学发展观统领经济社会发展全局,按照统筹城乡发展的要求,全面落实中央一系列支农惠农的重大政策和部署,切实加强"三农"工作,农业和农村发展出现了积极变化,迎来了新的发展机遇。农业生产得到较快发展、农村面貌得到一定改善,农民收入较快增长,农村贫困人口生存和温饱问题基本解决,社会事业进一步发展,农村基层组织建设得到加强。但必须看到,在2012年之前,一方面,随着社会经济的发展,照金面临着地理位置远、群众就业率低、城乡差距大、发展步伐慢等难题。基础设施薄弱、产业结构单一、农村教育和卫生文化事业相对落后等现实问题,制约了照金群众生产生活水平的提高。另一方面,由于缺乏规划,村庄居住空间杂乱,群众的生活环境很差。"晴天一身土,雨天两脚泥,垃圾靠风刮,污水靠蒸发。"

革命老区如何脱贫致富？解决好这一问题仍然是全面建设小康社会进程中重大而艰巨的历史任务。

2012年，随着《陕甘边革命老区振兴规划》的实施和新型城镇化的推进，陕西省、铜川市把对照金这个红色小镇进行整体开发，支持照金革命老区加快发展，帮助照金革命老区群众脱贫致富列入重要议事日程。他们深刻认识到，加快改善照金革命老区群众生活，让照金革命老区人民过上幸福美好的新生活，确保照金革命老区群众与全国人民一道同步够格进入小康社会，是我们党和政府义不容辞的责任。

从2012年8月开始城镇化建设，铜川市与陕西文化产业投资控股（集团）有限公司、陕西煤业化工集团有限公司携手，坚持解放思想，加快改革步伐，跳出农业抓农业，跳出农村找出路，通过政企合作，大力实施新型城镇化战略，重点打造红色旅游景区和特色示范小城镇。历时一年，照金镇实现了从传统到现代、从农村到城镇的转变。如今的照金已经步入发展的快车道，长期积蓄的发展能量迸发出无限活力。旅游兴、城镇美、农民稳、群众富，新型城镇化让曾经贫困的革命老区人民过上了好日子，走上了全面小康之路。

一项项令人振奋的成就，折射出照金经济社会快速发展的进程。

人均收入大幅提升。随着照金镇经济社会的发展，照金镇区农民人均纯收入从2011年的7 450元增加到2014年的1.5万元，远远高于铜川市2014年农民人均纯收入9 169元和陕西省2014年农民人均纯收入7 932元的水平。

生活条件显著改变。出门公路四通八达，照金镇街道平坦整洁，红色外观的楼房绿树环绕。村民住进了照金新苑，进门做饭自来水、天然气拧开就用。农民普遍享受到城市生活，过着就业有岗位，收入有保证，闲时广场前健身、照金牧场散步的惬意生活。

绿色生态彰显特色。按照"无伤痕开发"的科学发展理念，照金镇依托独特的红色和绿色资源禀赋，建成了一批满足人民群众休闲度假的旅游景点。最具特色的照金牧场的建成，结束了照金人"守着山、怕见山"的尴尬历史。照金牧场，成了这座小城镇新的骄傲。得天独厚的山坡条件，给放牧、骑车带来了极大方便。

宜居宜业农民满意。新型城镇化的建设，为照金革命老区群众带来了看得见摸得着的新生活。老区群众对生产发展、生活宽裕、镇风文明、镇容整洁、管理民主的新生活，心里感到特别高兴。在照金镇上班的年轻人说，这不是在做梦吧。以前是面朝黄土背朝天，现在是工作按时上下班；老年人说，以前叫活着，现在才叫生活。照金革命老区群众在小城镇实现了安居乐业有保障，各种公共服务设施齐全，生活很方便，过上了令人满意的城镇生活。

如今，照金镇已成为我省乃至在全国有一定影响的一个配套完善、文化品位高、环境友好、管理完善、就业充分的红色旅游、绿色发展名镇。

第二节　新型城镇化的照金特色

一、突出规划先行，高水平编制规划

推进城镇化，必须要确立规划先行的原则，提高城镇化建设水平。要科学编制新型城镇化发展规划。加强对新型城镇化发展规律

的研究，因地制宜，以人口城镇化为核心，坚持城乡统筹，兼顾人口、经济、资源环境、社会发展之间的关系，明确小城镇长远发展方向、空间战略布局、长期发展目标，着力避免城镇规划理念落后，粗放式"贪大求快"；规划内容缺乏特色；规划滞后与随意修改规划的现象。要加强"三规"的衔接和协调。城镇规划要与所在地区的各项规划相衔接，打破行政区划束缚，突出经济区域导向①。结合当地经济社会发展规划、土地利用规划和城镇规划，使"三规"涉及的发展目标、人口规模、建设用地指标、功能布局、土地开发强度等方面达到统一，落到"一张图"上。要强化规划的执行效力。完善相关法律法规，提高规划的科学性、权威性和约束力，依法加强对规划实施的监督管理，建立违反城乡规划的责任追究制度，坚决防止随意调整规划，杜绝规划"纸上画画、墙上挂挂"的现象，切实使规划落到实处、取得实效②。

照金在小城镇的建设规划中，真正做到了规划先行，并体现出较强的特色性和人性化色彩。整个规划体现出"全域化"、"生态化"和"主题化"三个核心理念的要求。

首先是"全域化"。所谓"全域化"，就是在城镇化进程中，让以照金为中心的城镇体系覆盖整个区域，从而有效提高资源配置空间效率，形成城乡对接与协调发展的全域城镇网络体系。在制定规划时，对照金镇区域内基础设施、产业布局、就业安排和生态环境保护等方面进行综合统筹规划，以此来降低土地和开放

---

① 马凯. 转变城镇化发展方式 提高城镇化发展质量 走出一条中国特色城镇化道路［J］. 国家行政学院学报，2012－11－05.

② 马凯. 转变城镇化发展方式 提高城镇化发展质量 走出一条中国特色城镇化道路［J］. 国家行政学院学报，2012－11－05.

空间的无序消耗，注重用好当地的每一寸土地，走科学发展、集约高效、功能完善、环境友好、社会和谐、个性鲜明的城镇化建设路子。空间布局突出红色资源，以开发利用红色资源统领城镇化建设。

其次是"生态化"。树立起保护绿水青山就是保护生产力、发展生产力的观念，把生态环境保护放在更加突出的位置，像保护眼睛一样保护生态环境，像对待生命一样对待生态环境。照金在城镇化发展过程中，坚持从当地经济发展水平出发，不搞大拆大建，过度建设。注重保持生态环境和自然风貌，做到不推山、不砍树，体现田园风光的城镇特色。注重绿化和美化环境，创造优美的生态环境，多给大自然"种绿"，多为好生态"留白"，实现城镇化和生态环境的可持续发展。

最后是"主题化"。强调红色即民生的发展理念。红色资源的优势决定了照金镇在推进城镇化过程中，要把保护革命旧址、城乡统筹发展和着力改善民生结合起来。通过景区开发，把照金建设美，让老区群众生活在一个生态优美的环境中，而且通过大力发展红色旅游、休闲旅游、餐饮娱乐等产业，有效提高老区人民的收入水平，让老区人民过上好日子。当年，老一辈革命家在照金发动红色革命，老区人民捐粮捐物、送子送女，为的就是过上幸福美好生活。如今国家富强了，有能力有条件回馈老区了，应该以更大的力度支持老区加快发展，让老区人民早日过上小康生活。目前，照金老区建设发展同发达地区相比仍处于相对滞后状态，发展滞后的现实，已成为制约实现全面建成小康社会目标的凸显部分，成为扶贫攻坚的

"硬骨头"。^① 因此，通过推进城镇化建设，把照金红色旅游名镇建设好，让老区人们生活更富裕、更幸福，能够分享现代化建设的成果，老区建设才算成功，老区建设才有意义。

　　总起来说，照金小镇最大的特色就是主题鲜明、特色突出，宁静悠闲而且精致时尚。铜川市和陕西照金文化旅游投资开发有限公司在发展小城镇时做了积极有效的引导推动作用，对照金区域内的革命旧址、历史文化遗址和生态环境进行全面保护，有计划地对其进行改造和提升，并同城乡统筹发展和着力改善民生相结合。主题鲜明的小城镇让当地居民生活在一个生态优美的环境中，而且通过大力发展休闲旅游、餐饮娱乐等高端产业，有效提高了本地人的生活和收入水平。绿色与红色交织，镇区与景区融合，让照金小镇充满了别样的风情。

专栏 4 - 1

发展主题——红色即民生

　　从实现民族独立、人民解放的新民主主义革命，到确立社会主义基本制度的社会主义革命，再到开创、坚持、发展中国特色社会主义的改革开放伟大革命，红色文化的内涵不断充盈；从自力更生、艰苦奋斗，到解放思想、开拓创新，再以人为本、执政为民，红色精神的外延不断拓展。

　　时代变迁，红色文化、红色精神的本质指向始终不变，那就是通过新型城镇化建设，让照金从传统乡村社会迈入现代城市社会，

---

　　① 中国老区建设促进会. 让革命老区人民过上更加幸福美好的新生活［N］. 光明日报，2015 - 01 - 24.

极大地促进照金经济、社会的进步、繁荣与跨越，尽快让老区人民过上好日子。

习近平总书记指出，我们的人民热爱生活，期盼有更好的教育、更稳定的工作、更满意的收入、更可靠的社会保障、更高水平的医疗卫生服务、更舒适的居住条件、更优美的环境，期盼着孩子们能成长得更好、工作得更好、生活得更好。人民对美好生活的向往，就是我们的奋斗目标。

推进照金的新型城镇化建设，就是对红色真谛和红色真意的再次追寻，是对习近平总书记重要讲话精神的自觉践行。新型城镇化，就是让老区群众的生活越来越好。

二、突出环境保护，实施"无伤痕开发"

党的十八届三中全会站在"五位一体"总体布局的战略高度，提出要加快生态文明制度建设。中央城镇化工作会议要求，根据资源环境承载能力构建科学合理的城镇化布局。既提出"城镇建设要体现尊重自然、顺应自然、天人合一的理念，依托现有山水脉络等独特风光，让城市融入大自然，让居民望得见山、看得见水、记得住乡愁"；也明确"要注意保留村庄原始风貌，慎砍树、不填湖、少拆房，尽可能在原有村庄形态上改善居民生活条件"。将生态文明理念融入新型城镇化建设的全过程，是中国特色新型城镇化建设、缓解资源环境压力的重要途径，是建设美丽中国的重要基石。

如何在新型城镇化建设中将生态文明理念融入其中，并实现与生态环境的协调发展，是照金建设之初亟待解决的一个重大问题。

"无伤痕开发"，是从2012年8月新型城镇化建设伊始，就定下来的理念和原则。在开发建设过程中，照金镇全力保留当地的每一棵大树、每一片绿植，不破坏一草一木和每一块原生态山坡，尽量做到建筑物与自然风景、大地风貌的互补融合，打造了诸如极具欧洲风情的照金牧场等一个个优美的生态景观。比如在照金广场的改扩建过程中，广场北侧的小山包按最初的规划是需要推平硬化的，但最终决定调整建筑物位置，保留原来茂密的小树林，达到了更加自然的景观效果。

专栏 4 - 2

<h2 style="text-align:center">生态保护——"无伤痕开发"</h2>

在照金，不论是安置区还是商业街，建筑均不超过四层，赭红色的建筑与绿地交错布局，宛若童话。

图 4 - 1 在 1933 广场北侧保留下来的小树林

照金的森林覆盖率达75%，全年雾霾数据几乎为零，即便在如此优良的自然条件下，照金依然坚持"生态建镇"和"无伤痕开发"原则，并将其贯穿始终。在开发建设过程中采取原有自然环境与配套建筑相结合的方式，实现对当地自然生态的保护和人文生态的保护。镇区的所有绿化，大都采用原生树种，既提高了成活率、节约了成本，也保留了当地特色。

图4-2　绿意盎然的照金牧场

三、突出破解难题，实施政府推动下的市场运作

照金资源丰富、人文荟萃。历史上，"药王"孙思邈、唐楷大家柳公权、山水画家范宽等，都曾从照金的一草一木中汲取精华。作为陕甘边革命根据地的重要起点，照金又为革命事业做出了积极贡献。然而，长期以来，基础设施薄弱、产业结构单一、旅游配套匮乏等问题，一句话，"缺钱"成为老区群众民生改善与产业发展的绊

脚石。

在新型城镇化进程中，如何有效破解资金困境，是一个重要的课题。过去很多地方大多采用单纯依靠财政资金、银行贷款和土地财政来进行投融资的模式，这些投融资的模式由于受地方财力有限、银行贷款难、土地资源少等因素的制约，对于照金来说都是难以实现的。

如何破解小城镇发展中的资金困境？他们把目光投向了与陕西省国有大企业集团的合作，实现了小城镇建设突破性的进展。在铜川市委、市政府的领导下，经多方筹谋，2012年，一个探索新型城镇化发展道路，努力打造国内一流红色文化旅游名镇和全国"红色城乡统筹"典范的项目应运而生。该项目以《陕甘宁革命老区振兴规划》全面实施和铜川转型发展为背景，以"红色是旗帜、民生是根本、产业是支撑"为宗旨，以"红色即民生""无伤痕开发"和"尊重历史、因地制宜、民生为本、创意为魂"为发展理念，通过红色旅游与城乡统筹相结合、生态建设与现代农业相结合、社会管理创新与产业结构调整相结合、促进就业与扶持创业相结合、短期成效与可持续发展相结合来实现。[①]

在具体实施过程中，形成了陕文投集团、陕煤化集团和铜川市三方合作"资源＋技术＋资金"的优化组合，共同出资10亿元成立了陕西照金文化旅游投资开发有限公司。作为照金红色旅游名镇项目投资开发的主体，受市政府委托，全面负责景区的规划、建设、运营管理。政府推动下的市场运作，带来了开发建设的"照金速度"。仅仅一年时间，一座规划布局合理、建筑特色鲜明、生态景观

---

① 杨永林，张哲浩. 陕西照金：别样的城镇化［N］. 光明日报，2015－03－18.

协调的优美小镇，就奇迹般地展现在人们面前，几乎可以与欧洲的特色小镇相媲美。实践证明，政府推动下的市场运作模式产生了巨大的张力效应，走出了一条新型城镇化建设的成功之路。

第三节　以人为核心的新型城镇化

一、突出改善民生，为了农民依靠农民

近年来，陕西省委、省政府高度关注老区的民生改善，省委、省政府主要领导同志多次来到照金，明确要求，要把保护革命旧址、城乡统筹发展和着力改善民生结合起来，通过景区开发，把照金建设美，让老区群众过上好日子。就新型城镇化而言，决策者和施政者考虑最多的问题是：怎样规划壮大自身的优势产业？怎样保障就地就近城镇化农民的社会福利？怎样完善城镇的社会功能？

在策划照金镇的各种开发建设项目时，铜川市各级政府和陕西照金文化旅游投资开发有限公司十分重视当地农民群众的意见，并鼓励农民群众积极参与建设项目的全过程。通过做深入细致的宣传动员工作，充分尊重老区群众的意愿，把老区建设和让老区群众过上更加幸福美好生活作为工作的出发点和落脚。尤其在照金建设项目的策划和规划设计阶段，尽可能地听取农民群众的意见。多次召开有政府和企业相关负责人员、规划设计人员以及当地农民群众代表参加的恳谈会，共同讨论照金建设项目和规划设计方案。比如，在照金新苑规划和建设前，征迁政策、拆迁还迁、房屋丈量、评估认定、选房分房等全部公开透明，房屋设计反复征求农民意见，设

计了带地下室的房屋便于农民放置农具和杂物，在户型面积上采取大中小并举，让群众根据自己的需要和经济能力自由选择。在拆旧建新的过程中，千方百计安排好群众的居住和生活。这种深怀爱民之情，恪守为民之责，多做利民之事的公仆情怀，赢得了群众的支持和理解，仅用了十天时间，照金村218户百姓便告别了旧居，全部搬进了临时安置点，为后来的"照金速度"赢得了宝贵的时间。

专栏 4 - 3

为了群众依靠群众

——温情征迁的背后

从2012年8月23日组织召开征迁全体动员大会，到2012年9月3日全体村民搬迁，只有短短的十天。这十天，照金群众以超乎想象的能力，接受着变化；以发自内心的渴望，迎接着变迁。这十天，这个贫穷落后的老旧镇区，已然消失；这片被红色侵染了79年的山水，开始新的蝶变。这十天，陕西照金文化旅游投资开发有限公司（以下简称"照金公司"）的建设者们想了很多、做了很多、学了很多。

实地体验，感受城镇化生活。组织照金村224户待迁村民，实地体验了骊山新家园和楼观新镇安置小区，使大家消除了疑虑，转变了"楼房没有平房好"的观念，迅速接受了城镇化生活。

连夜编写宣传册，公开透明征迁政策。为了让村民全面了解新家园、新环境的美好未来和相关政策，公司组织人力连夜编写宣传册，发放到村民手中，使村民心中有数，起到了较好的沟通效果。

资金快速到位，解除村民顾虑。快速做好资金保障工作，确保征迁补偿款透明、公开、公平，第一时间发放到村民手中，解除了村民的后顾之忧。

贴心宣讲，触动村民心灵深处。从"树立新观念、开启新生活"、"辛苦一阵子、幸福一辈子"、"生活生产方式如何改变、就业创业增收如何保障"等方面，进行了通俗易懂的宣讲，使老百姓"看得明白，听得进去，觉得合理"。

尊重村民意愿，设计多种户型组合。充分尊重村民对户型设计的建议，设计了60平方米、90平方米、120平方米、140平方米等4种户型，提供了12种购房选择组合，满足了一家三口、祖孙三代或四世同堂等不同家庭的差异化需求，尽量做到温情安置。

全员参与，和村民倾心交流。公司全体干部员工主动请缨，深入村民家中，与村民交流对话，答疑解惑，听取合理化建议，与相关方及时沟通，现场解决问题。

逐户摄影摄像，保留珍贵资料。对现有征迁范围内的住户、商户、小学、养老院等摄影摄像，留存资料，为村民保留记忆，同时对后期纪录片、宣传片的制作，提供了丰富的素材。

积极介入，规范起草法律文本。公司积极介入征迁全过程，帮助相关部门规范操作流程，相继起草了《认购说明》《安置房认购书》《购房合同》，保证整个流程顺畅清晰，公开透明。

征购一体，一举多得。在村民签订《征迁协议书》后，立即跟进签订《安置认购书》和《购房合同》，从补偿款中抵扣购房款，做到了"方便群众、保证回迁"。

过渡安置，以文化惠民。在搬进安置区后，村民在生活上会有暂时的不便，但是要让大家对公司的信任坚定不移，过渡期陆续安排了城乡统筹就业创业培训、西安易俗社文艺会演、青年乐队义演、团省委青年志愿者义务劳动等文化活动。

贴心回迁，印发入住指南。乔迁新居，是村民一辈子的大事。公司从房屋结构、家具购置、家私摆设、电器购买，暖气、燃气、自来水使用等现代化家居常识方面，为村民印发了贴心的《照金新苑入住指南》，获得村民一致好评。

抵制次品，引入品牌建材商现场服务。大多数村民对现代家居的装修"一窍不通"，在购买装修建材时很容易上当受骗，照金公司洽谈了多家质量过硬的品牌建材商进驻照金新苑，以成本价面向村民销售，做好服务。

实用设计，存放乡愁的专用地下室。务农的村民住进了楼房，生产生活方式都发生了变化，以前务农的农具用不上了，寄托了厚重感情的农具大多数人都很舍不得，为了保存这种乡愁，照金新苑每一栋楼都建有地下室，主要用于存放这些满载村民土地感情的旧农具。

保障服务，专业化物业团队全程服务。搬入新居后，大多数村民担心延续以前照金的脏乱差与污水横流，在陕西照金公司指导下，照金村集团特聘请具有国家一级物业管理资质的曲江圣境物业公司入驻照金，帮助照金村村民组建自己的物业公司。目前，照金村物业公司已获得国家三级资质，实现了全面自主管理运营。

民为国之本，只有广大人民群众过上舒心、富足、幸福的日子，老区建设才算成功；只有在保持并修复人际关系、自然生态、人文生态的基础上，让老区百姓成为开发建设的真正受益者，老区建设才算有意义。照金公司的所思所行，得到了照金人民的热烈拥护。仅用了短短的十天时间，224 户百姓的征迁工作全面完成，老区人民积极投入搬迁的场景也增强了照金公司造福老区的责任感、使命感。

专栏 4-4

照金新苑——农民期盼的新居

2013 年 8 月份，照金镇到处都回荡着热闹的鞭炮声和欢笑声——在土房里住了几十年的照金人陆续搬进了宽敞明亮的新楼房，室内装饰现代化，室外风景宜人。

"从山沟沟里的土房到水电气暖全通的小洋楼，一般人需要几代人、几十年的时间，可我们赶上了好时候，一步就跨出了几十年"。今年 50 多岁的曾耀良住在新家里恍如隔世，抑制不住内心的喜悦说道。以前，他们祖辈住的房子是"屋里小半间，头顶能望天，四世同堂住，睡觉肩挨肩"。现在，"屋里亮亮堂堂，门口宽宽敞敞，看哪儿都舒心，看哪儿都亮堂"。

同样舒心的还有小两口们，住进了新楼，不用再和老人同处一室，避免了矛盾，同时也能正常地照顾老人，家里做了好饭，送到老人家时还是热乎乎的，"一碗汤的距离"让家庭关系和邻里关系更加融洽。

当烧柴做饭和煤炉取暖的日子成为过往，最高兴的是家庭主妇们。村民赵彩慧说，"以前最愁做饭，每次做饭总是一身的灰一身的油烟味，冬天更可怜，做完饭烧炉子，夜里睡觉都要操心着家人会不会煤气中毒。现在好了，家里通了天然气也通了暖气，大冬天的在家穿着薄衣薄衫，和城里没啥区别了。"

赵彩慧和丈夫都在家门口上班，一个是照金新苑酒店的服务员，一个是照金村集团的客服经理，孩子在镇区的照金小学上学，一家人都在用自己的双手创造着新未来、建设着新照金。

图4-3　照金农民昔日生活的院落

图4-4　村民如今居住的照金新苑

图 4 - 5　照金新苑一隅

图 4 - 6　照金新苑的一场婚礼

图 4-7　照金村民的时尚新居

专栏 4-5

青年农民卢建欢的悲喜人生

　　30 岁的照金村人卢建欢，过去因为家里穷，只好外出打工。从 2003 年开始，出铜川，去西安、四川等地打工多年，没挣到多少钱，家里一直是几间土屋。虽然他长得斯斯文文，可这么多年还是娶不上媳妇，成了村子里的老光棍。当时的他也很无奈、心里很郁闷。

　　2013 年春天，在西安打工的卢建欢回了趟照金，照金的变化让半年没回家的他吃了一惊！最高兴的是家里的土坯危房要拆了，他家将要搬进照金新苑。外出打工期间，他曾陆续带过几个女朋友回来，可人家看了他家的房子后，婚事就黄了。如今按照补偿标准，他将分到两套小区新房。2013 年 9 月份才能住进新家，5 月份卢建欢的婚事就定了。他也决定不再外出打工了。凭着机电维修的手艺，经过参加照金统筹城乡就业创业培训班，并获得了铜川市就业局颁发的《技能培训证》，他来到照金公司上班，目前月工资 2 700 元。除此之外，家里的 5 亩土地租给公司，每月还能收 2 500 元；妻子在镇上开了个文具店，商铺是按成本价租的，镇上还补助了 2 000 元创业资金。卢建欢在照金的日子过得有滋有味，如今孩子也一岁多了。

二、突出包容发展，实施企镇共赢的行动战略

国务院发展研究中心和世界银行的合作研究报告——《中国：推进高效、包容、可持续的城镇化》提炼出新型城镇化目标的三个关键词——"高效"、"包容"、"可持续"。

高效是指，中国的新型城镇化应该促进生产要素在城乡之间、城城之间以及城市内部优化配置，增强城市创新能力，实现城镇化的集聚效应。

包容的关键词有两个：一个是参与，一个是共享。要让全体人民，特别是农民、弱势阶层参与发展，而且要公平分享城镇化的成果。其中最重要的是，要创造更多的就业需求，提供公平、平等的公共服务。

可持续的城镇化就是以生态文明的理念为引领，构建绿色产业体系，形成绿色消费模式，增强绿色保障能力，实现人与自然的和谐相处。

在建设中，陕西照金文化旅游投资开发有限公司和陕西照金村红色旅游发展（集团）有限公司坚持平等相待、互尊互信，在探索

符合照金城镇化发展道路的努力中，相互理解、相互支持。新成立的陕西照金村红色旅游发展（集团）有限公司由陕西照金公司委托管理，推动企业和照金镇在规划建设、招商引资、产业发展、社会治理、干部交流和发展利益上的一体化，实现企镇两个资源、两个优势的叠加。坚持合作共赢、促进共同发展。陕西照金文化旅游投资开发有限公司把企业经营理念、企业融资、市场运作、规划建设、管理人才等优势和照金镇的土地、劳动力、自然资源优势结合起来，融合发展、利益共享。几年来，陕西照金文化旅游投资开发有限公司和陕西照金村红色旅游发展（集团）有限公司在合作中促进各自发展，又通过各自发展推动共同发展。从这个意义上说，照金的发展是包容的发展、合作的发展、共赢的发展。

三、突出启智先行，提升人的素质

加快推进城镇化，绝不是仅仅把楼盖起来，把城镇扩开来，更艰巨的任务是让这些就近就地城镇化的农民从思想观念和生活习惯层面达到城镇要求。试想，如果农民从心理上还不适应城镇化，即使他们住进了楼房，通过自身就业、创业有了工作，也可能因不会赚钱、沟通困难等而难以适应城镇生活。在城镇化过程中，必须解决好农民心理上进城的问题。通过各种形式，培养农民的就业意识、保险意识、合同意识，以及投资理财、城镇健康生活方式、城镇文明意识等等。而一旦具备这些素质，他们在城镇的生活才能一天比一天好，这才是真正的城镇化。

新型城镇化建设只有以人的素质提升为核心，才能夯实基础，稳步推进。在城镇化建设中，照金的建设者们始终把提升人的现代思维方式、行为习惯等，实现人的全面发展放在首位。坚持分类指导，实现广泛性与重点性的有效结合。面对农民的诘难、困惑和不理解，他们用耐心沟通，用爱心感化，用时间去改变，吸引有头脑、有见地的"外出务工者"返乡创业，培训年轻人尽快地掌握新的技能，循序渐进，从点滴做起；用实惠和精神引导，抑"恶"扬"善"，激发人性中的真、善、美。通过提高农民、扶持农民，让大家有信心把照金建成安居乐业的美丽家园。同时加大对"公务人员、未成年人、农民"等对象的文明培育力度，通过"教育引导、制度约束、强化管理"等方式，使全体照金人自觉遵守公共规则，倡导文明新风，努力培育高素质的文明照金人。如今照金人不仅住上了楼房，而且也营造出了自觉追求文明的社会氛围。人人都是照金形象，一股清新的社会风气，正在照金大地劲吹。

专栏 4-6

倡导新生活

就地城镇化，使农民进城不再是一个地理概念，而是心理概念。

倡导新生活。为让入住群众从心理上和文明习惯上过城里人的生活，照金努力打造具有地方特色的"微文明"市民系列活动，倡导就地城镇化的农民结合日常生活和工作的方方面面，培育规则意识，从自身做起，从小事做起，由个体"微文明"推动城镇大文明。比如，住进照金新苑，照金人开始融入真正的城镇生活，他们的生活每一天都在发生着改变……过去，他们可以将垃圾堆在自家门口，而现在，他们住进了楼房，家门口的楼道成为公共区域，垃圾只能放进楼下的垃圾桶里；过去，他们没有物业费这个概念，现在每月都要按时缴纳物业费；过去，家里照明所用的是白炽灯，而现在兴起了节能灯；还有消防安全、法律援助……所以，亟须从培养农民的"微文明"做起。倡导垃圾分类放置，集中处理；诚信经营、礼貌待人；人人都是照金形象大使等新生活，从人们日常生活的点滴培养文明意识，使其内化于心、外化于行。刚开始搞垃圾分类时，许多村民不理解，城市都做不好的事，农村有必要这么做吗？为此，村干部自己先带头，挨家挨户发放宣传册和征求意见书，每天上街巡查，每月组织评选并张榜公布，还开展垃圾分类知识竞赛等活动，使村民逐步养成了良好卫生习惯。

培育价值观。成功举行了2014照金"最美人物"评选活动，培育群众遵德守礼的社会风尚。评选活动自2014年5月份开始，在全镇范围内寻找我们身边的感动。此次"最美人物"系列评选共收到百余份报名和推荐材料。组委会在听取多方意见后从中评选出"最美保洁""最美保安""最美导游""最美返乡大学生""最美儿媳""最美邻里""最美社区工作者""最美义工""最美商户""最美家庭"等10个奖项，共30位获奖人。通过社会文明风尚的培育，使照金人的文明素质和照金镇文明程度明显提升。

从孩子抓起。要使照金环境更加整洁、风气更加文明，必须从孩子抓起。陕西照金文化旅游投资开发有限公司40多名员工，一人帮扶一个困难家庭的孩子，定期为他们送去无微不至的关爱，使孩子们从小爱学习、讲文明、懂礼貌，让孩子们的行为影响家庭，家庭影响社会，引导大家关爱他人、关爱社会、关爱自然，增强市民百姓的社会责任感、城市归属感和生活幸福感，让人人都成为城镇文明的使者。

和谐新照金。坚持不懈地倡导新生活，终于形成了今天照金镇整体的风清气纯，呈现出经济发展，政通人和，生态优美，治安良好的美好社会面貌。农民住进了新楼房，最考验农民市民化意识的工作是收缴物业费，散居农民没有交物业费的习惯，住进新居后要为公共环境付出真金白银。如今在照金，住进新楼房的农民已经养成了定期交纳物业费的习惯。

照金的实践告诉我们，在城镇化过程中，充分依靠群众，注重调动村民积极性，可谓是顺利开展各项工作的重要法宝。应通过教育引导和精细管理相结合，文化传承与形式创新相结合，引导就地城镇化的农民走向文明生活，从文化层面上完成市民化。

第五章

产镇良性互动的主要载体

推进城镇化，必须加强产业支撑，提升转化农民、吸纳就业的能力，夯实城镇化的经济基础。新型城镇化与产业发展，可以说是一个问题的两个方面，二者相辅相成。新型城镇化需要产业发展来充实，通过产业发展促进就业和创业，同时新型城镇化也能为产业发展提供更好的平台。各地推进新型城镇化的经验一再证明，凡是立足资源禀赋，大力发展特色产业，能够解决就业创业问题，城镇化发展速度就快，水平就高；相反，在一些地方，城镇化过度依赖土地财政，过度依赖房地产业的发展，缺乏特色产业支撑，小城镇的发展就会缺乏物质基础和就业机会，人口就不能聚集和集中，城镇化的繁荣发展就是一句空话。这正反两方面的情况，值得我们深思。推进城镇化，既要"造平台"更要"强支撑"。城镇是平台，产业是支撑。有产业就会有就业机会，而相对充足稳定的就业是城镇化的基础，要让农民家庭进入城镇居住，最基本的条件是能够就业、在城镇有基本稳定的收入。这就要避免土地的城镇化快于人口的城镇化，不能简单地认为农民上了楼就是城镇化了。从根本上讲，城镇化是非农产业集聚和发展的结果，必须有产业、能就业，使进入城镇的农村居民真正转为非农产业劳动者，这样他们才能在城镇长期、稳定地生活下去，真正过上幸福的生活。

照金在新型城镇化建设中，没有为了城镇化而单纯搞城镇建设，

而是实现了产业发展与城镇化建设同步发展。照金推进产业发展的
实施路径包括：一是突出红色旅游的主导地位，重点打造红色旅游
景区，以红色旅游支撑和带动城镇发展。二是加快发展文化旅游商
业的融合发展。依托红色资源、绿色资源和人文艺术资源，用智慧
和创意发展产业，逐步形成了旅游景点的带状化、旅游方式的多样
化和现代化。体验游、写生游等旅游方式令游人向往，照金牧场的
集体婚礼令无数年轻人陶醉，照金国际滑雪场已成为陕西冬季冰雪
运动的重要基地。三是大力发展服务业。以红色旅游名镇为依托，
在镇区大力发展商贸、餐饮、住宿、交通运输等第三产业，建设与
新型城镇化相匹配的现代服务业。四是注重增强就业吸纳能力，不
断提高城镇产业发展和经济增长的就业弹性，发展吸纳就业能力强
的现代城镇产业体系。

第一节　发展红色旅游

一、重点打造红色旅游景区

"红色即民生"，这是照金新型城镇化建设的纲领。红色是照金
的灵魂，老一辈无产阶级革命家筚路蓝缕，就是为了要让老百姓过
上好日子。如今推行新型城镇化建设，让老区人民过上幸福日子，
仍是照金建设的出发点和落脚点。

照金地区留存着薛家寨、红军洞、陈家坡会议旧址等革命遗址，
红色旅游资源的优势，决定了照金镇在推进城镇化过程中，要把保
护革命旧址、城乡统筹发展和着力改善民生相结合。做火红色教育、

做强红色旅游，再加上丰富的自然风光，以文化旅游业、服务业为引领的产业，已成为老区振兴、群众安居乐业的动力与保障。

从红色旅游景区规划建设入手，将旅游景区纳入照金镇总体规划范围实施统一管理，推进以路、水、电、气、治污、环保、通信、网络为主的基础设施建设，配套必要的生活服务和文化娱乐设施，避免旅游景区的城镇功能弱化。充分利用照金周边的独特资源，着力建设照金——薛家寨——香山大景区，实现红色资源、文化资源、生态资源的整合、共享和发展。积极发展景区文化产业、特色产业，大力培育龙头企业，促进关联企业集聚发展。加强职业技能培训和职业技术教育，引导本地农民和外出务工人员就近就业。目前，照金镇旅游安排就业近千人，非农产业的集聚效应逐步显现。自 2013 年 8 月开放至今，照金镇已累计接待游客 157 万人次，实现旅游综合收入近 3.2 亿元。

专栏 5-1

红色旅游的魅力

一、照金纪念馆：革命精神薪火相传

陕甘边革命根据地照金纪念馆是红色旅游名镇的核心建筑，总面积达 6 000 多平方米，是以陕甘边革命历史为主线，缅怀革命先烈、弘扬爱国主义精神的综合性纪念馆。

全馆共分两层，一层主展厅通过墙体展示、展柜展示与数字多媒体展示相结合的手段，立体展示了陕甘边革命根据地从初创到巩固、发展的光辉历程。融合数字多媒体技术的展陈方式恰当而生动地复原了当时的场景，如在薛家寨大本营建设板块，现存的寨洞照

片上，清晰浮现当年红军被服厂、修械所的真实场景，让游客一目了然。而展板上方贯彻全馆的环幕，通过对照金山川和四季更迭的动态演示，为参观者营造了极强的历史现场感。

二层由陕甘边革命英雄纪念展区、红色照金主题画展区、红色主题书吧和以多媒体展示为主的多功能区组成。15 幅大型油画在柔和的灯光下生动闪现，宛如置身陕甘边革命史的 15 个重大历史瞬间，让参观者在艺术化的氛围中感受革命情怀。而在纪念展区，100 多个英雄的姓名和照片，记录着一个个鲜活生命的存在。

相关专家认为，与传统的纪念馆相比，照金纪念馆融合了历史的真实性、展示方式的艺术性、适度的科技性和参观空间的舒适性，有效提升了照金作为全国红色旅游经典景区、爱国主义教育基地、国防教育基地的内涵，也将成为延安——西安红色旅游带的重要节点，助推陕西红色旅游迈上新台阶。

图 5-1　陕甘边革命根据地照金纪念馆

据悉，照金纪念馆自 2013 年 8 月重新开放至 2014 年 9 月，累计接待游客 100 万人/次，单日接待量最多为 30 000 人/次。

二、纪念碑：迎接小镇的第一缕阳光

纪念碑是照金小镇每天首个迎接第一缕阳光的建筑，它位于纪念馆后方的东方高台，整座纪念碑由碑体和基座两部分构成。从地面到碑顶的高度是 33 米，象征照金 1933 这段辉煌而难忘的岁月。纪念碑基座广场 676 平方米，基座 120 平方米。

纪念碑上几个大字"陕甘边革命根据地的英雄们永垂不朽"熠熠闪光，是对在照金、在陕甘边战斗过的英雄们的永远怀念。

纪念碑的基座四周有四座浮雕，主题分别是建军、建党、建政、军民鱼水情，浮雕展现了陕甘边革命根据地创建过程中的几个重大历史事件以及造就照金 1933 年辉煌的根本所在。

图 5-2　陕甘边革命根据地英雄纪念碑

三、丹霞多胜景 险峻薛家寨

薛家寨，因薛刚反唐时曾屯兵于此而得名。这里平均海拔 1 400 米～1 600 米，丹霞面积 60.81 平方公里，壁立千仞，走势雄奇，兼具"华山之险"与"南山之秀"，是国内外研究中国南北自然环境差异及青藏高原隆升演化的关键地带，是地质研究、科学普及教育和休闲度假的重要园区，也是陕西唯一的国家级丹霞地质公园。

山寨东、南、西三面为绝壁，崖下灌木丛生，仰视不见寨形，一条石阶小道通往崖顶，军事上易守难攻。

1933 年春，老一辈无产阶级革命家在寨顶的 5 个天然岩洞中分别设立了医院、修械厂、被服厂、仓库等后勤单位和寨楼、战壕、哨卡、碉堡、吊桥等防御工事。红军的驻守，使薛家寨成为当时革命发展的政治、经济、军事中心与陕甘边革命根据地的大本营。

图 5-3 一号寨子 红军寨

由于天险难越而又年久失修，当年的 5 个岩洞，如今仅能到达一、二、三、四号岩洞。一号寨为当年陕甘边游击队一、三支队驻地，其他分别为红军医院、被服厂、修械所等后勤单位和领导机关驻地。在这里仍然留有许多红军先烈使用过的麻辫手榴弹、枪支残件、刀具、军号以及生活用具等，如今这批文物都保存在陕甘边革命根据地照金纪念馆中。

一同留下的，还有许许多多动人的英雄事迹。1933 年 10 月中旬，国民党军突然袭击，游击队和红军留守人员英勇抗击，这就是著名的薛家寨保卫战。然而最终因叛徒的出卖而陷落，李妙斋等革命英雄不幸壮烈牺牲。

在一个个历史的现场，沿着当年红军的足迹行走于其间，油然而生的崇敬和感怀，总会在心底生发。

图 5-4　二号寨子 红军医院和被服厂所在地

图 5-5　三号寨子 红军寨

四、万人红军洞

从黑石崖沟口蜿蜒行进 400 多米，两面寸草不生的绝壁之间夹着一带郁郁葱葱的灌木，进沟百余米，在一处嵝崄处凹进的崖壁下，有近 1 米厚的土围墙工事，这是扼守要害的第一道防线。由此前行 300 米，一个洞口超百米的天然洞穴横在眼前，这边是红军洞。

红军洞又称"万人洞"、"红军兵营旧址"，是当年红军的秘密军营兼仓库，洞深约 70 米，宽约 160 米，洞顶高约 60 米，因位于三面绝壁之下，位置十分隐蔽，在当年红军革命活动和游击队战术转移中为战士提供了一个秘密安全的活动屏障。洞内终年幽暗潮湿，现残存多个土墙及大量损坏的木材，常年有小溪从洞内流出。

据当地人介绍，当年曾经有上万红军驻扎在这里，敌人屡次骚扰均被击退，只要保证备有足够的粮草，山洞里吃喝不愁，就可悠闲度日。红军们与村民共患难，相处的如同亲人一般。村民们常常

图 5-6　四号寨子

陕甘边领导机关驻地和红军供需仓库所在地

为红军做饭，妇女们就主动做起军服军鞋送给红军，战事紧张时大家还会帮战士们背枪、送信。万人红军洞就是当年革命先烈们在照金的秘密军营和粮库。

五、秀美陈家坡

陈家坡是照金红色旅游路线中的另一个景点，也是一个秀美的小山村。1933 年 8 月 14 日，在陕甘边革命斗争连续遭受严重挫折的危急关头，中共陕甘边特委在陈家坡组织召开党政军联席会议，扭转了革命形势。这是陕甘边照金革命斗争史上非常重要的一次会议，被称为"陕甘历史上的遵义会议"。

近年来，经过新农村建设，陈家坡已建起了红灯照耀广场、陈家坡会议陈列馆、农家乐、农业生产体验等旅游参观景点，这里的居民安居乐业，在广场附近的农家乐里，也许还能尝出当年红军饭

图 5-7　复建后的陈家坡会议旧址

菜的味道。

专栏 5-2

<h2 style="text-align:center">"纪念陕甘边革命根据地创建 80 周年"
系列活动在照金举办</h2>

2013 年 9 月 13 日上午，纪念陕甘边革命根据地创建 80 周年座谈会在我省铜川市召开。

省委书记赵正永、中央党史研究室主任欧阳淞、甘肃省委副书记欧阳坚讲话。省委副书记、省长娄勤俭主持会议。省政协主席马中平，中央党史研究室副主任李忠杰，省委常委姚引良、刘小燕，兰州军区政治部副主任王文杰，省军区司令员高龙福，省人大常委会副主任宋洪武等出席。

赵正永首先代表省委、省政府向陕甘边革命根据地的创建者刘志丹、谢子长、习仲勋等老一辈无产阶级革命家表示深切怀念，向所有参加过陕甘边革命斗争的老红军、老同志，向为革命事业做出巨大贡献的陕甘边老区人民致以最崇高的敬意。他指出，对陕西干部群众来说，弘扬陕甘边革命根据地时期的光荣传统，最重要的就是深入学习贯彻党的十八大精神和习近平总书记一系列重要讲话，坚定理想信念、矢志不渝为中国特色社会主义共同理想而奋斗，坚持发展第一要务、加快实施"稳中有为、提质增效"战略，践行根本宗旨、始终保持党同人民群众的血肉联系，坚决反对腐败、永葆共产党人清正廉洁的政治本色，坚持低调务实不张扬、埋头苦干，以加快建设"三个陕西"的实绩为实现中国梦做出更大贡献。

图 5-8　省委书记赵正永向陕甘边革命根据地英雄纪念碑敬献花篮

欧阳淞在讲话中指出，陕甘边革命根据地是土地革命战争时期党领导创建的重要根据地之一，在中国共产党历史、中国革命史上占据着十分重要的地位。今天，我们回顾这段历史，更加怀念根据地创建者刘志丹、谢子长、习仲勋等老一辈无产阶级革命家，更加崇敬他们在这片土地上留下的可歌可泣的英雄事迹和建立的卓越功勋。我们要继承和发扬革命先辈的光荣传统和优良作风，把他们为之奋斗的伟大事业不断推向前进。

座谈会结束后，与会人员向陕甘边革命根据地英雄纪念碑敬献花篮，并参观照金纪念馆。陕甘边革命根据地创建者亲属、军队有关部门负责同志和专家学者参加相关活动。

二、重点打造红色文化创意街

因地制宜，选择符合自身条件的发展道路推进新型城镇化，是城镇化发展的内在需要，也是尊重城镇化发展规律的必然要求。照金城镇化之路是从其自身的资源禀赋、地缘优势、人文特质、生态环境等客观条件出发，秉持尊重历史、因地制宜、民生为本、创意为魂的结果。照金以弘扬红色文化为宗旨，保障改善民生为根本，发展文化旅游为支撑，走出了一条以红色旅游传承红色基因、振兴老区经济的新型城镇化建设成功之路①，使照金新型城镇化更加彰显特色、富有个性。陕西照金文化旅游投资开发有限公司以现代服务业为主导，集合三种或三种以上功能（比如商业、办公、酒店、餐

---

① 栗波．照金红色旅游名镇建设让老区人民走上幸福路［N］．陕西日报，2015－03－17.

饮、文娱、居住等），依托红色景区的有利位置，建成了一个互为价值链、各类业态高度集聚的商业街区。主要功能是旅游配套服务，商业开发建设的最终目的也是改善民生，照金村的每一位村民在街区内都能按成本价拥有 10 平方米的商铺。公司对商业街做出统一的业态规划，统一从村民手中租赁。这样，村民就有了稳定的商铺租金收入。同时，对有能力有条件的村民，鼓励帮扶他们开店经营。目前，红色文化创意街已建成 2.2 万平方米商业用房，有 67 户村民在此经营和创业，创业收入达到 100 多万元。对无能力无条件经营的，根据村民的意愿和报名情况进行统一的培训和管理，提供在商业街的就业岗位。

图 5 - 9　红色文化创意街区人流熙攘

专栏 5-3

从赶集到逛街：照金人的商业"升级版"

红色文化创意街区是照金红色旅游名镇的主配套区，通过"当地驻留一批，铜川招商一批，西安招商一批"，共吸纳商户百余家，涵盖了特色餐饮、休闲娱乐、养生保健、农特产品加工销售等多种业态，吃、住、行、游、娱、购配套齐全。此外，照金新苑酒店、照金国际青年旅社、写生基地、照金游客服务中心等旅游平台和服务平台的搭建，也为游客提供了更多方便。

过去照金镇"逢四逢七"的集市是镇区及周边村民定时采购、信息交流的平台。如今，随着照金红色文化创意街区的逐步开放，照金人的日常生活变得更加丰富。

基于保护当地人文生态考虑，照金公司在距离安置区最近的广场铺就了专门的场地，使当地几十年的赶集传统得以延续。时至今日，周边的很多村民依然会到集市上采买东西，但年轻人的习惯已经发生变化。每到晚上，年轻人三五结对，沿着商业街的水系景观走走逛逛。"超市、台球厅、酒吧、烧烤摊、女孩子喜欢的工艺礼品店……家里缺什么随时都可以去买，比以前方便多了"，村民李娜说。

还有 40 多户村民，则把致富的希望寄托在大小不一的铺面里。一直在外打工的照金村民小陈，主营包子、豆浆等小吃，开业一年多以来，营业额还算不错。小陈说，自己在外打工多年，有了积蓄之后一直想在城里做个小生意，无奈房租、原料等加起来成本过高，所以一直未能完成心愿，没想到这回把生意做在了家门口。

同小陈一样，村里人经营的果蔬店、服饰店、电器店、化妆品店、日用品店已经逐渐成熟，在满足村民日常生活需求的同时，也方便了外来游客。

村民侯军莉的"红色记忆主题餐厅"是商业街规模最大的一家、也是特色最鲜明、经营情况最好的一家，侯军莉表示，当初"一狠心"冒险租了600多平方米的商铺并花大力气装修，主要是因为看好照金的旅游发展前景。"我目睹了小镇的整个变化，对客流情况、游客分层、菜品需求、淡旺季等已经非常熟悉。去年一直很害怕冬季，今年以来随着滑雪场的建设，我对冬季旅游市场也非常看好。最近我还在和厨师商量准备推出一批专门针对冬季滑雪冬令营的特色套餐。"

与此同时，绿蚂蚁山地体验中心、耀州第一碗、中国柴窑、樱桃红酒等外地商业的进驻，也冲击着照金人的商业观念。"我们也经常爬山，没想到还需要专业的衣服、鞋子和装备，而且城里人还挺爱好这种户外运动，还能当成生意来做。"村里的老人们参观完绿蚂蚁山地体验中心后，发出了这样的感慨。

随着小镇的不断变化，当地集市的商品种类也随之发生了变化，照金人的生意经，也在观念的碰撞中变得更加现代、更加时尚。

二、用智慧发展新型产业

产业发展是新型城镇化建设的基础。城镇化进程中如果土地开发过快，而没有引进相关产业，缺乏产业支撑，城镇的资源集聚能力就会削弱，将会形成"空心城"，这是很多地方都面临的突出问题。在新型城镇化建设过程中，产镇同步布局甚至产业发展优先，以产兴镇，从而实现长期可持续发展①，是照金城镇化建设的一条基本经验。

陕西照金文化旅游投资开发有限公司以创意为魂，靠奇思妙想和责任担当，独具匠心地用智慧发展新型产业，走出了一条具有鲜明照金特色的产业发展新路子。依托照金深厚的佛教文化，建设禅修中心，净化人的心灵；依托中国山水名画《溪山行旅图》的创作背景之地，规划建设一个写生基地，吸引全国各地从事美术创作的人来这里从事山水画创作和写真，繁荣文化和经济；依托照金的山和冬季的雪，建设一个高标准的国际滑雪场，目前项目正在建设之中；还有策划中的大型实景演出《薛家寨保卫战》、"一日看尽陕甘边"体验式旅游，特别是建设照金牧场的创意令人拍案叫绝。照金年轻有为的总体设计者们把照金独有的资源优势，依靠自己的聪明才智发挥到极致，使照金沉睡的资源变成一个个活的产业项目，取得了活化资源、美化环境、富民增收的综合效应。

专栏 5 - 4

让沉睡的资源变成新产业

随着合凤高速公路铜川段的通车，照金小镇又将迎来新一轮的发展契机。凭借着得天独厚的地理优势和生态人文资源，照金小镇在发展红色旅游的基础上，因地制宜，拓宽领域，加强引导，强化规划，通过招商引资、宣传推介等一系列举措，开发体验度强、健

---

① 张进中，杨君，王君．如何走好新型城镇化之路［N］．光明日报，2014 - 12 - 25.

康环保、适合市场需求的旅游度假产品。着手打造照金国际滑雪场、薛家寨保卫战大型实景演出、照金牧场游客服务中心及休闲木屋、生态农业和民俗餐饮街等二期项目，提高照金文化旅游丰富度和体验度。

照金国际滑雪场位于照金镇田峪村（紧邻照金牧场），于2015年1月15日正式对外试运行。这一项目的建成，弥补了照金冬季旅游项目的空白，已成为陕西乃至西北地区较大和最具特色的冰雪运动基地。

图5-10　远眺照金国家级丹霞地质公园

薛家寨保卫战大型实景演出项目，位于照金镇田峪村秀房沟组（紧邻薛家寨游客服务中心），将以薛家寨保卫战发生地为背景，以薛家寨保卫战实景演出为核心，融合战争体验、民俗展示、陕甘边特色建筑和商业，打造独具特色的旅游体验项目。

照金牧场游客服务中心及休闲木屋项目，选址于照金牧场对面，项目将通过游客服务中心、停车场、公共厕所的建设，完善旅游服务配套；通过休闲木屋的建设，提升旅游业态和旅游特色。

生态农业和民俗餐饮街等项目，将结合旅游发展需求和地形地貌进行选址，积极争取相关资金扶持，吸引投资者、合作者以及当地村民的参与，促进城乡统筹发展和商业繁荣。

新型产业的规划策划、开发建设和后期运营管理，将成为小镇文化旅游新的经济增长点和重要产业品牌，开启照金文化旅游的全新时代。

专栏 5-5

照金国际滑雪场

照金国际滑雪场，项目占地约 1 000 亩，总造雪面积达 13 万平

图 5-11 照金国际滑雪场

方米，分为核心滑雪区、冰雪游乐区、休闲服务区和配套设施区四大部分。设计滑雪道8条，其中高级道3条，分别是高级道、猫跳道和单板道，中级道、练习道和雪圈道各1条，初级道2条，雪道总长达3 000多米，最大垂直落差192米；运力系统设计5条魔毯、1条缆车。日接待量最高可达6 000余人次。

图5-12　照金国际滑雪场吸引了众多的滑雪爱好者

第二节　建设特色示范小城镇

一、重点打造特色示范小城镇

城镇化的本质是为了满足人们提高生活水平、增加就业机会、改善人们生活质量的需求，提高城镇化率的目的是使更多的农民真正融入城镇、分享城镇化发展的成果，得到更多的公共服务①。城镇化不是"造城运动"，也不是征地、造房子，而是一种劳动力从第一产业到第二、第三产业转移的过程，是农民从农业社会生活转向城市社会生活的过程，是劳动方式与就业方式、生活方式的转变②。城镇化也不是简单的城市人口比例增加，而是要在产业支撑、人居环境、生活方式等方面实现由"乡"到"城"的转变，推进城乡基本公共服务均等化。按照这一要求，照金的小城镇建设始终坚持以人为本的理念，在完善小城镇的配套功能，增加基本公共服务产品，改善居住生活环境，提升小城镇的品质上下功夫。

按照"小而精、小而美、小而富、小而特"的要求和建成旅游景观型＋绿色产业型＋商贸集散型的特点，以尽可能满足城镇人的生活需要，充分尊重和发扬当地的生活传统和最大限度地保护和美化环境为出发点，加强照金镇的基础设施建设，进一步提升照金镇层级档次。城镇建设具体举措为实施"八个一工程"，即建设一个照金进出路网、一个标准卫生院、一个标准小学、一个社区服务中心、一个农贸市场、一个1933广场、一个污水处理厂和一个垃圾压缩中转站。特别是先进完善的垃圾和污水处理设施基本上解决了环保问题，给照金镇提供了一个可持续发展的社会经济环境。

坚持以人的城镇化为核心，提高公共服务水平。依托照金统筹城乡就业创业示范基地，强化政策扶持和舆论引导，让农民动起来、忙起来，通过创业富起来。强化"能人带动"，做给农民看，带着农民干，帮助农民富。示范基地运用小额担保贷款、职业介绍和职业

---

① 范迪军. 新型城镇化不可忽视小城镇建设［N］. 中国经济时报，2014-04-07.
② 对话徐匡迪：如何解决人的城镇化［J］. 瞭望东方周刊，2013-10-17.

培训、一次性创业补贴和社保补贴等手段，为农民创业提供良好的经营环境，促进以创业带动就业。

按照生态宜居、经济实用的要求建设照金新苑。如今照金人住在美丽的照金新苑，不仅改变了原来的生活方式，更重要的是提升了人们的生活质量。在这个优美的小镇，住的是各种配套设施齐全的小高楼，在户外活动呼吸的是新鲜空气，白天看见的是蓝天白云，晚上看见的是皎洁月光，可以步行实现上学、就医、就业等所有的服务。照金走出了一条以人为本、优化布局、生态文明、文化传承的具有照金特色新型城镇化道路。新型城镇化，让老区人民真正过上了好日子。

专栏 5－5

1933 广场：照金镇的新地标

以前，照金人茶余饭后总是会聚集到村口，聊聊天，拉拉家常。现在，随着镇中心 1933 广场的建成，环境美了，生活也随之改变。每当夜幕降临，村里男女老少就聚集于广场，伴着欢快的音乐翩翩起舞。这里已成为体现照金人新生活的重要场所。

广场占地 15 000 平方米，朴素简洁，是小镇举办大型公共文化活动、居民游客休闲娱乐的中心场所。9 米高的主雕塑表达了人们对革命先烈的敬意和缅怀，6 个巨型灯柱则为其更添一份肃穆和庄严。自广场落成开放以来，已举办过照金山地自行车赛、千人定向徒步赛、照金青年音乐节、梦幻王国儿童剧演出、秦腔惠民演出等近百次大型文化活动。这里也是照金人自发组建的锣鼓队、秧歌队、自乐班、广场舞俱乐部的活动场所。1933 广场真正成为融红色旅

图 5 - 13　照金镇 1933 广场

游、纪念集会、居民健身、娱乐休闲、商业服务于一体的文化主题广场。

二、加大城镇综合承载力建设

推进新型城镇化，要站在促进发展、人民幸福的角度，对城镇建设进行理性思考，不断完善城镇功能，提高城镇承载能力。城镇承载能力越强，拉动经济的作用就越大；城镇越有魅力，就越能吸引投资，聚集人气、财气。把照金建设成为一个生态宜居、设施完善、特色鲜明、优势突出的红色名镇，成为"本地人留恋、外地人向往"的品质城镇，是照金决策者们孜孜以求的课题。

完善城镇功能，增强综合承载能力，体现在大力发展特色产业，提高就业吸纳能力；体现在健全城镇公共服务体系，提高教育、医疗、社保、住房等保障水平；体现在更新城镇管理理念，创新城镇管理方式，完善城镇治理结构，提高城镇管理的科学性和有效性，实现城镇可持续发展等方面。

在建设中，照金人按照地上建筑和地下基础设施同步推进的原则，相继完成了地上道路建设和地下各种管网铺设，建成了照金新苑、文化创意街区、照金中心小学、照金医院、照金书院等项目。陕甘边革命根据地照金纪念馆庄严宏伟，照金 1933 广场花团锦簇，主干道路绿树成荫，环境优美。照金村民社区水电、供暖、网络、有线电视等设施应有尽有，照金超市、银行、幼儿园、小学、医院等公共服务配套设施一应俱全。文化活动室、健身广场等休闲娱乐场所丰富群众文化生活。一幅和谐优美的画卷增强了照金镇就业吸纳能力和城镇人口集聚能力。从照金牧场走下来，1933 广场上，老人与孩子们其乐融融。"这两年镇上变化真大，和城里比空气好、环境好，和原来的农村比更热闹、更繁荣。"新入住照金新苑小区的张大妈，见证了照金镇的喜人变化。

第三节　人口集中与资源集合

一、加快人口集中

城镇化是由科技进步、社会生产力发展所引发的，分散聚居在农村功能区域的农业人口转为集中聚集在非农功能区的非农人口，进而传统乡村社会转为现代城市社会的历史过程。城镇化人口不是标签意义上的城市人口，而是享受城市基础设施和公共服务的人口。城镇化地区不是行政和地理意义上的区域，而是承载非农人口和非农产业的功能区。城镇化不仅表现为城镇数目的增多、城市面积的扩大、城市人口的增加，还包括人口职业的转变、产业结构的转变、空间形态的变化，也包括人类社会的组织方式、生产方式和生活方式的变化，由此导致经济、社会、文化、环境和人的变化[①]。

照金新型城镇化之所以取得如此显著的成效，在于把以人为本的理念贯穿于城镇化的全过程，注重科学性、整体性、特色性。照金在推动本地人口就地市民化的同时，着力促进外来人口在照金安居乐业，稳步推进外来人口市民化。

实行政策性集中和市场化集中两种方式。前者是指把符合棚户区改造、危房改造、移民搬迁等政策的人口，由照金镇政府为其提供基本住房、创业和就业机会等方面的保障，使其迁移到照金镇；后者是指通过开发微利商品房，吸引有经济能力和创业能力的人来照金居住创业。

打造外来人口融入当地社会良好平台。城镇化最重要的是人的集聚，而人口城镇化慢于土地城镇化也是近年来城镇化建设中的"顽疾"之一。照金城镇化的决策者们认为，留住外来人口的一个重要方面，就是要为他们创造就业和创业的平台，推进学校、医院等公共服务功能的完善，住房保障、医保、社保统筹同步推进，让农民"进得来"、"留得住"更"过得好"。人口的集中，不仅聚集了人气，而且为扩大居民消费，推动城镇经济增长和发展繁荣，深入推

---

① 倪鹏飞. 新型城镇化的基本模式、具体路径与推进对策［J］. 江海学刊，2013（1）.

进城镇化创造了条件。加强道路、电力、供水、供气、污水和垃圾
处理等市政基础设施建设,完善建制镇功能,提高人口集聚能力,
引导农村人口向小城镇适度集中,努力营造和谐平安的人居环境,
形成具有浓郁区域特色的小城镇。

专栏 5-6

促进人口集中　加快城镇化进程

通过加大城乡统筹力度、推动新型城镇化建设,照金面貌彻底
改变,人居环境得到优化。产镇融合发展,村民收入快速增长,外
出务工人员的回流返乡,过去冷清的村庄现在变得热闹起来了。

照金人口聚集是一项系统工程,主要是通过政策性聚集和市场
化聚集两种手段来实现的。

政策性聚集,即综合利用国家和省市有关政策,推动实现安置
区建设,不断提升公共服务能力,促使山区农业人口向镇区核心区
聚集,带动农村劳动力向非农产业转移,这一步已然实现。

市场化聚集,即充分利用照金丰富的文化旅游资源优势,把商
业地产、旅游地产引进新型城镇化进程之中,进一步带动建筑、交
通、餐饮等行业的发展,为当地居民提供就业岗位,改善地区的生
活居住条件,促进当地经济进一步向旅游休闲化发展,从而对人口
聚集起到积极的推动作用。

农民就近城镇化,还减少了留守儿童、留守妇女、留守老人的
数量,促进了农村的稳定和发展。

二、加大资源集合

随着照金镇的产业发展，教育、医疗、卫生等公益服务设施的完善，也吸引了社会资源特别是人力资源不断向照金镇集合。在开发建设的过程中，照金镇全力保留当地的每一片原始风貌。在陕甘边革命根据地照金纪念馆外1933广场的改扩建过程中，广场北侧的小山包按规划本来需要推平硬化，但最终他们保留下这片茂密的小树林，达到了更加自然的景观效果。如今，这片被保留下来的山包，成为广场鸽的栖息地，照料这些鸽子的，是土生土长的照金女孩朱锦。她2012年大学毕业后曾在新疆打工，听说村里成立了旅游开发公司，在2013年回到家乡上班。两年时间里，她从一般职员成长为照金村红色旅游发展有限公司项目副总经理，月薪翻了几倍。

朱锦说，她当时在新疆只是水泥厂的过磅员，在这里她不仅负责接待游客，还兼顾景区一些游乐设施的管理，沟通、协调能力都有了提升，"我在家乡有了更多的成长。"

照金村过去每年都有7～8个农民落户外地，现在周边的人都想来这里居住和就业。目前在照金镇就业的大学生有61人，其中照金本地大学生有15人，他们已成为服务家乡建设的生力军。

专栏5-7

山沟里来了一群年轻人

"山沟里来了一群年轻人，指路子，出点子，领着群众奔好日子！"照金镇村民潘西顺是一名老红军，虽然已经81岁，但心里却跟明镜似的。他所夸赞的，正是把照金从一个名不见经传的普通关中小村镇变身为年吸引 100 万游客的旅游名镇的"传奇团队"——陕西照金文化旅游投资开发有限公司（以下简称照金公司）。

照金公司是照金红色旅游名镇项目的开发建设主体，由陕西文化产业投资控股（集团）有限公司、铜川市照金景区投资开发有限责任公司、陕西煤业化工集团有限责任公司共同出资成立，承担着老区改扩建和旅游综合发展的使命。

公司自 2012 年 8 月 19 日进驻照金以来，同步推进拆迁安置、工程建设、城乡统筹、策展布展、旅游推广等工作，在工期紧、任务重的情况下，针对当地群众的"一对一"帮扶、技能培训、送戏下乡、红色运动会、青年优秀人才培养计划等工作全面而细致地展开，尤其是征迁前每家每户的走访、留影、户型意见征集和引导村民成立"照金村集团"等，各种细致入微又充满真情的举措深深地感动了当地的老百姓，得到了他们的一致称赞，这也使照金的"红色城乡统筹"工作平添了几分温暖的人文气息。

2013 年 9 月，照金红色旅游名镇正式对外开放，标志着照金新型城镇化开发建设取得了阶段性成果。2013 年 9 月 18 日，照金首届户外运动季启幕，后续的探秘国家丹霞地质公园、山地自行车赛、首届中国户外运动高峰论坛、秦直道徒步节等系列活动相继开展，照金已成为我省户外运动爱好者的首选地。2013 年 10 月 3 日，隆重举办了首届照金牧场集体婚礼，来自全国各地的 103 对新人在照金牧场步入婚姻殿堂。时至今日，照金牧场集体婚礼、照金山地自行车挑战赛、照金牧场露营音乐节等活动已经连续举办两届，成为小镇的靓丽品牌。随着镇区旅游的逐渐完善，街头演出、露天音乐会等活动也相继开展，照金小镇充满了浓厚的群众艺术氛围。

　　两年多时间，通过红色旅游、城乡统筹、绿色生态等产业的开发和完善，实现了照金革命老区的华丽转身，为铜川资源型城市转型和全国革命老区综合发展探索出了一条新路子。

第六章

城乡统筹推进的主要做法

推动城乡发展一体化，必须着力在城乡发展规划、基础设施、资源配置、产业布局、生态建设、社会管理、公共服务等方面做到城乡统筹，促进城乡生产要素平等交换和公共资源均衡配置，推动城乡统筹协调和共同发展。

第一节　城乡基本公共服务均等化

城乡统筹发展，就要突出以人为核心，实现城乡基本公共服务水平的均等化，使城乡居民都能够安居乐业、幸福和谐，公平地享受改革发展成果。这是牵一发而动全身的战略要点，必须牢牢把握，着力做好城乡基本公共服务均等化这篇大文章。

2005 年党的十六届五中全会首次提出"公共服务均等化"概念。经过党的十七大、十七届三中全会、十八大、十八届三中全会等重要会议的强调和部署，基本公共服务均等化总体实现已成为到 2020 年全面建成小康社会战略目标的重要内容。

基本公共服务是政府主导提供的、旨在保障全体公民生存和发展基本需求的服务行为和手段，涉及义务教育、劳动就业、社会保障、医疗卫生、计划生育、住房保障、文化体育等诸多领域。在现代社会和政府的核心理念里，享有基本公共服务是公民的基本权利，提供基本公共服务是政府的基本职责。

基本公共服务范围，一般包括保障基本民生需求的教育、就业、社会保障、医疗卫生、计划生育、住房保障、文化体育等领域的公共服务，广义上还包括与人民生活环境紧密关联的交通、通信、公用设施、环境保护等领域的公共服务，以及保障安全需要的公共安全、消费安全和国防安全等领域的公共服务。[①]

基本公共服务能否满足就地就近城镇化农民需要，是推动城乡发展一体化和实现人的城镇化的关键。新型城镇化，就是要让农民过上好日子。如果基本的公共服务都无法满足，城镇对农民就不会有吸引力。应围绕人这个核心，建设和谐包容、成果共享的城镇。要加强义务教育、医疗卫生、社会保障、就业服务等工作，稳步提高基本公共服务水平，让就地就近城镇化的农民有就业、有收入，病有所医、老有所养、住有所居、子女教育有保障。只有这样，才是真正实现了农民进得来、住得下，生活才会有尊严，及早完成农民向市民真正意义上的转变。

照金在加速城镇化发展过程中注重把握硬件的"面子"与软件的"里子"关系。"面子"即城镇硬件设施和外观建设，两年多来通过加大投入不断增强城镇功能，提升城镇宜居宜业度。与此同时，更加注重城镇化的"里子"，在实施以就业、创业、教育、医疗、社会保障等为主要内容的基本公共服务均等化方面积累了一些好的经验。

---

① 国家基本公共服务体系"十二五"规划［N］. 光明日报，2012－07－20.

第二节　基本公共服务的实现形式

一、逐步夯实公共服务平台基础

在镇政府内设有社会事务保障所，负责劳动、社会保障政策宣传、咨询工作。办理失业人员登记，为符合条件的失业人员办理失业保险领取手续，开具各类证明，对失业人员进行动态管理跟踪管理，及时了解失业人员就业、培训需求动态信息，掌握特困人员各类情况，负责失业人员弹性就业的落实。创建照金红色城乡统筹就业创业培训基地，对村民进行各项就业技能培训，将其就地转化为景区的建设者和管理者。2012 年以来，培训人数达 2 400 人次，带动照金镇就业 625 人。同时为照金镇及周边地区解决各类就业 1 960 余人，其中 165 人在镇区自主创业。就业对象涵盖大学生、退伍军人、脱地农民、返乡农民工等。对于年龄偏大、缺乏创业条件的村民，当地也根据村民的实际情况，用其所长，分别将其中一部分人聘为"楼长"和镇区卫生监督员，每月发放工资，让他们在环境卫生、协调邻里关系等方面发挥作用，实现了老有所养、老有所为。

专栏 6 - 1

创业就业——让每一个人梦想成真

为了更好地助推革命老区照金发展，为全市乃至全省就业创业工作做出探索、示范并积累经验，2014 年 4 月，照金统筹城乡就业创业示范基地在照金镇区挂牌启动建设。

在陕西省人社厅的指导下，铜川市人社局、照金景区管委会、陕西照金公司、照金村集团政企合作，按照"优先就业、发展产业、扶持创业"的思路，发挥"一个依托、一个龙头、一个体系和八个平台"作用（一个依托指依托照金大景区；一个龙头指以照金村集团为龙头；一个体系指以基地服务中心为窗口，通过就业创业网格化管理手段为示范基地提供全方位的就业创业服务。

八个平台指照金干部教育基地、红色创意街区、休闲观光农业示范园、关中民俗文化村、照金牧场、中药材种植基地、照金狩猎场等8个重点项目的实施带动就业），按照"一年夯基础、两年创规模、三年争一流"的创建计划，依托产业发展，拓宽就业创业途径，落实就业创业扶持政策，将基地打造成吸引各类人才创业的"洼地"、政务服务的"高地"、群众就业的"福地"，彻底解决当地群众就业创业问题，辐射带动周边和景区沿线群众增收致富。

为加快该基地的建设，完善基地服务功能，使商户和照金群众最直接地办理和享受各项就业扶持政策，2015年5月，照金村集团组织人员在市就业局进行了为期一个月的政策和业务学习，弄懂吃透用好各项政策。

2014年6月初，在照金基地设立了"照金统筹城乡就业创业示范基地服务中心"，开通了《就业管理信息系统》和《就业失业登记系统》，将业务受理的权限设置为等同到市级业务受理的权限范围，实现《就业失业登记证》的自主办理、信息查询和登记，其他小额担保贷款、职业介绍和职业培训、一次性创业补贴和社保补贴等业务直接受理，照金的群众和商户足不出镇就可享受全部的就业政策，办结全部手续。负责做好劳动、社会保障政策宣传、咨询工作。办理失业人员登记，为符合条件的失业人员办理失业保险领取手续，开具各类证明，对失业人员进行动态管理跟踪管理，及时了解失业人员就业、培训需求动态信息，掌握特困人员各类情况，负责失业人员弹性就业的落实。

图 6-1 照金"红色城乡统筹"就业创业培训

照金基地服务中心的成立，标志着照金统筹城乡就业创业示范基地的建设进入新的阶段，基地建设拥有了更加便民的就业创业服务平台，将为照金群众和商户提供全面、便捷、贴心的服务，将在推动基地建设和景区发展中发挥积极作用。

2014年8月26日，陕西省人力资源和社会保障厅下发文件，将照金确定为"陕西省统筹城乡就业创业示范基地"，这是陕西省首家统筹城乡就业创业示范基地。

基地创建一年来，累计投入就业资金2 200万元，使2 000余人在照金镇及周边实现了就业和自主创业。

二、深入推进社会保障体系建设

党的十六大以来，我国的社会保障体系建设取得巨大突破，先后建立了城镇居民基本医疗保险、新型农村社会养老保险和城镇居民社会养老保险等重要制度，颁布实施社会保险法，社会保障体系框架基本形成，社会保障覆盖人群迅速扩大，社会保险工作深入开展，社会保障体系建设取得重大进展①。

建立更加公平可持续的社会保障制度，是新型城镇化建设过程中成市、兴业、聚人、建城的必要前提，也是新型城镇化高效、包容、可持续发展的必由之路。

照金着力构建体现公平性、适应流动性、保证可持续性的城乡社会保障制度，以解决养老、医疗等制约城镇化的老大难问题，有力地推进了新型城镇化建设。在养老方面，基本建立起城乡统一的社会养老保障体系，实现新型农村城镇社会养老保险全覆盖。目前，在照金 60 岁以上老人每月基础养老金为 105 元，参保率达 95％。农村合作医疗保险 400 元（含 400 元）以下者补助比例为 65％，400元以上者补助比例 90％。对因病致贫、因灾致贫的家庭，优先考虑低保，或通过临时救助、大病救助、灾后重建等形式给予补助。

专栏 6－2

社会保障网——撑起小镇"幸福伞"

"欢迎欢迎啊，你们又来了，下次来就不要带东西了，啥都

---

① 李红侠．我国城乡一体化社会保障体系改革研究［J］．中国集体经济，2014－10－05．

不缺。"2014年1月13日，在农历马年新春到来之前，照金村集团的工作人员一行到南玉常老人家中嘘寒问暖，并送去了米面油等慰问品。96岁的南玉常老人是一位老红军，进入老人家120平方米的新楼房，四世同堂的老人正在给重孙子孙女发着"压岁钱"。

随着照金日新月异的发展，从2013年8月开始，照金村村民陆续搬入水电气暖全通的新家园，像南玉常老人这样喜迁新居的村民，共有219户，这个山窝窝里的"小城市"进入了一个新的发展阶段。

融情于责、暖了民心，稳了根基，各项社保险种参保人数持续增加，保障水平持续提高。一个个不断增长的数字，是照金社保工作成绩的最好诠释。一张张幸福的笑脸，是社保政策润泽民生的最好注解。

据了解，截至2014年上半年，照金镇全镇参加新型农村合作医疗10 549人，农村养老保险7 529人。全镇已累计发放残疾人补助15.72万元；高龄补贴48.06万元；低保资金138.116万元；五保供养金40.95万元。2013年年底为困难群众发放临时救助6.19万元、春荒冬困救助资金36.26万元。

一项项实实在在的核心社保指标汇聚交织，构成了一曲温暖人心的民生乐章。

无缝覆盖，让幸福生活更有底气。都说照金人现在生活得越来越"有底"了。

这"底"从何来？来自"全覆盖、分层次、可持续"的社会保障体系。2015年以来，照金红色旅游名镇不断突破就业工作瓶颈，扩大居民养老保险覆盖面，进一步夯实民政救助体系，完善医疗救助模式，成为幸福民生的强大基石。

照金村集团作为照金革命老区和老区群众可持续发展的实业平台，节日慰问老红军、孤寡老人、贫困户；员工与小学建立"一对一帮扶"；设立"照金爱心小花朵"基金；建立照金社区文化活动中心，开展社区文化活动；政企合作，开展照金"青年优才"计划；开展"服务进社区、爱心家政服务"等一系列温暖人心的举措也让照金的"社保网"越织越密。

三、切实加大教育和医疗机构投入力度

教育是今天的事业，明天的希望。健康是群众的基本需求。针对照金镇小学、医疗卫生条件长期滞后的局面，照金镇先后投资 4 400 万元，新建了照金小学，主要基础设施在铜川市处于中上等水平。新建了能容纳 180 名学生的照金幼儿园，学费全免。针对单亲、残疾及父母身体长期有病等贫困学生，每人每月给予贫困生活补助 375 元。另外，幼儿园拿出 2% 的经费，根据学生家庭的情况给予补助。投资 2 270 万元新建的照金医院，属耀州区人民医院分院，拥有 50 张病床，配备 50 毫安 X 光机、全自动生化分析仪、彩超等先进医疗设备，医务人员主要来自原照金卫生院人员及区人民医院定期下派人员（医师、护士、检验科等人员）。还定期聘请市医院知名专家来照金对镇医院进行技术指导，提高照金医院医务人员疾控、妇幼保健的医疗技术水平。随着教育、医疗基础设施的改善，老区群众更为便利地享受城镇化带来的优质教育和医疗资源。

专栏 6 - 3

公共服务——让照金人共享发展成果

在城镇化建设中，照金镇不断加快基础设施和公共服务配套设施建设，使就地城镇化的农民享有城市的生活品质和便利的市民化生活方式，沐浴在公共服务均等化的雨露下。

一、照金医院

照金医院是在原照金镇中心卫生院的基础上，于 2012 年新建设的一所二级综合性医疗机构，位于照金红色旅游名镇金光大道北段东侧。占地面积 14 亩，建设有门诊楼、住院楼及附属设施，建筑面积 4 207 平方米，门诊综合大楼 2 852 平方米，住院楼 1 142 平方米，硬化绿化庭院 2 000 平方米，承担照金镇 18 个村群众、景区周边游

图 6 - 2 照金医院新貌

客、矿区等共约 1.5 万人的医疗、急救、预防保健和社区公共卫生服务，是新型农村合作医疗的定点医院。

医院设置病床 50 张，现有职工 50 人，其中卫生专业人员 42 人，高级职称 12 人，中级职称 16 人，初级职称 14 人。新建的照金医院，充分满足当地群众及游客的就医需求，为镇区群众提供了优质的医疗资源和先进医疗设备，提高了镇区卫生服务质量和整体医疗服务水平。

二、照金中心小学

照金中心小学是一所农村寄宿制完全小学，位于照金红色旅游名镇核心地段。学校占地 31.5 亩，建筑面积 10 700 平方米。教学楼、综合楼、办公楼、公寓楼、食堂餐厅等建筑设施配备齐全，实现了办学条件的标准化和现代化。新建的中心小学，面貌焕然一新，

图 6-3　照金中心小学

校园整洁漂亮，环境设施一流，教师队伍充实，教学质量先进。

学校现有教职工39人，其中专任教师32人（具有本科学历21人，专科学历11人）。在校学生266名，其中住校学生160名。教室装配了交互式电子白板，师生公寓设施配置齐全，塑胶场地铺设到位，内部设施已达全市一流，充分满足照金镇及周边村镇的教育需求。

三、照金幼儿园

照金幼儿园位于照金镇照金新苑内，是推动城乡统筹发展、公共服务配套建设的一所公办幼儿园。幼儿园于2012年10月开始建设，2013年9月投入使用，占地面积3 613平方米，建筑面积1 994.9平方米，绿化面积480平方米。幼儿园整体布局合理、环境幽雅、设施齐全、师资充足。

幼儿园设有六个教学班，可容纳幼儿180名。目前，开设大、中、小共三个班，在园幼儿107名，教职员工17名，其中，专职教师6名，有幼师资格的专业教师3名，保育员3名，保安2名，炊事员3名。

四、照金镇便民服务中心

照金镇便民服务中心，位于照金镇区核心位置，紧邻1933广场，建筑面积4 953.6平方米。镇机关现有9个站所单位，主要为财政所、国土所、司法所、计生服务站、文化站、畜牧兽医站、农技推广中心、农民培训学校和市容监察大队。

镇机关下设工作机构20个，分别是：党政综合办、民政办、农经办、城建办、企业办、农保办、合疗办、计生办、食安办、文广站、通村办、统计站等12个办公室，以及人大、政协、统战、纪

图 6 - 4 照金镇便民服务中心

检、武装、共青团、妇联、工会等8个群团组织。照金镇便民服务中心的新建和设立，为加强和创新社会管理、拓展行政服务领域、转变工作作风、提升行政服务水平提供了坚实可靠的保障。

五、供热中心

供热中心占地面积5 000平方米，下设4处换热站。采用了两台7MW水煤浆热水锅炉，热效率高于80%。通过利用洁净能源水煤浆，节约用煤4 000吨，减少二氧化硫排放80%、烟尘排放50%。

供热中心的建设，充分满足了照金镇冬季集中供热需求。对于一个煤炭资源比较丰富的地区来说是发展观念的大转变，不仅有利于改善和保护生态环境，而且节约了大量的能源，为照金红色旅游名镇生态环境保护和改善群众生活条件提供了重要保障。

六、污水处理站、垃圾压缩中转站

为保护照金镇水资源和改善生态环境，坚持以人为本、生态环保、统一规划、综合治理的原则，适度超前改善城镇基础设施条件，完善公共服务设施，增强城镇综合承载能力，照金镇建设了污水处理站和垃圾压缩中转站。

污水处理站、垃圾压缩中转站采用高效节能、简便易行的污水和垃圾处理新工艺、新技术、新设备，使镇区污水和生活垃圾得到了有效处理，提高了照金的环境质量和群众生活质量，为照金的可持续发展奠定了坚实基础。

图6-5　污水处理站和照金垃圾压缩中转站

第三节　实施综合配套改革

在新型城镇化建设过程中，照金镇的综合配套改革主要指农村集体经济组织改股份制企业、村民委员会改居民委员会，旨在消除二元体制，实现城乡发展一体化，尤其是实现医疗、养老、贫困救助等社会保障城乡一体化，为照金镇的发展奠定了坚实基础。

农村集体经济股份制改革。为了保护撤村并镇后农村集体经济组织和成员的合法权益，维护和促进社会稳定，发展社会生产力，建设社会主义新农村，照金镇率先推进了集体经济股份制改革。按照村民自愿入股的原则，成立了陕西照金村红色旅游发展（集团）有限公司，下设四家全资子公司：景区运营管理有限公司、生态农业发展有限公司、物业服务有限公司和园林绿化有限公司。公司目前运营良好，基本达到每户拆迁户中有一人就业，人均月收入达到2 200元。既安排了村民就业，又增加了集体资产收入。村集体经济组织在改制后优势尽显：一是改资产集体共同所有为农民股份所有；二是改资产收益"按劳分配"为"按股分配"；三是改资产不能继承为可以继承。在村改居方面，照金村已将村民委员会改为社区委员会。以社区为依托，增强公共服务功能，把社区建成文明有序、服务完善、文明祥和的社会生活共同体，从而实现农村基础设施城镇化、生活服务社区化、生活方式市民化。

综合配套改革，务必要站在农民立场上"做加法"。不仅要保留他们既有的各项权利，而且要赋予其医疗、教育等仅为城里人享有的"福利"。改革后，照金村民在原有待遇不变（享有农村集体经济组织成员待遇；土地承包权；农村计划生育政策和奖励扶助政策；农村五保供养人员救助待遇）的基础上，还在医疗保险、养老保险、就业保障、优抚、伤残、农村低保人员和特困家庭救助等各个方面享受到市民的同等待遇。在一样的土地上，过上了不一样的生活。

90多岁的老红军潘西顺谈起生活的变迁，既兴奋，又感慨，"我们的小区叫照金新苑，我这个房子有138平方米。这里交通便捷，学校、医疗、文化、商业等生活配套设施都很方便，一切都是那么舒适幸福!"

专栏6-4

照金村集团

以前，村民的靠山主要是土地，现在，陕西照金村红色旅游发展（集团）有限公司（以下简称"照金村集团"）成了大家的"新靠山"。

上着班、拿着分红、住着楼房、在旅游景区创着业、呼吸着城里人都羡慕的新鲜空气，随着照金旅游名镇的日渐繁荣，当地村民开始了真正的城市生活。

整合文化旅游资源　激发群众内力

2013年10月15日，对于铜川照金革命老区的群众来说，是一个令人高兴的日子。这一天，在铜川照金旅游名镇的纪念广场上，村民们敲着锣鼓，扭着秧歌，争先恐后地表达着一年来照金镇的变化给农民带来的喜悦。这一天，是照金村集团成立一周年的日子，也是入股的村民拿到首笔分红的日子。

一年前，为了盘活照金镇的经济、改善老区人民的生活，在市委市政府、景区管委会的大力支持下，在陕西照金公司的引导下，村委会和村民组建了"照金村集团"。一年来，照金村集团以"创富增收"和"民生改善"为使命，实现了集团化运营，全面接管了照金名镇的运营管理工作，推动了照金社会经济、人文面貌的快速提升。

目前，照金村集团已经成为老区文化旅游资源整合和经济发展的实业平台，真正做到了"让政府放心，让村民满意"的目标。

农民成上班族　拿着工资还有分红

股东，员工，一些村民在照金村集团同时扮演着两种身份。

照金村集团承担着文化旅游资源优化配置，拓展开发与品牌打造的使命。目前，拥有景区管理、生态农业、物业管理、园林绿化四家子公司，逐步建立起了涵盖旅游景区运营管理，物业管理，劳务输出，特色农产品开发与销售等内容的产业链条。并且，通过"股份收入＋土地流转收入＋商铺租金收入＋工资收入＋创业收入"五种收入，收入渠道更加多元化。

2013 年以来，照金村集团的带动效应也日益显现，在其示范带动下，由照金镇田峪村 33 户村民自愿入股成立的铜川薛家寨户外运动服务有限公司和由照金村、田峪村 45 户村民自愿加盟的照金村富民金银花专业合作社、照金村富民土蜂蜜专业合作社、照金村蜂农种养殖专业合作社也于照金村集团成立一周年的日子正式挂牌成立。

绘就幸福照金梦　创建全国红色城乡统筹典范

目前，照金村集团拥有员工 300 余名，是铜川市农业产业化龙头企业，荣获了 2013 年中国统筹城乡企业创新奖。除四个全资子公司外，还有农业合作社、特色直营店、服务中心、社区文化中心等机构。业务涵盖生态农业开发、药材种植、景区管理、商业管理、物业管理、园林绿化、劳务派遣、市政维保等。集团开发的"照金村"牌核桃油、亚麻油、干果、杂粮等产品销往北京、上海等地，获得了良好的口碑。

未来，集团将按照"立足照金、辐射陕西、拓展全国"的发展战略和"做强生态农业板块、做大物业服务板块、做精景区管理板块"的发展思路，培育叫响"照金村"品牌。提升照金人文和现实环境，实现跨越式发展，为照金红色旅游名镇创建全国红色城乡统筹典范做出积极贡献。

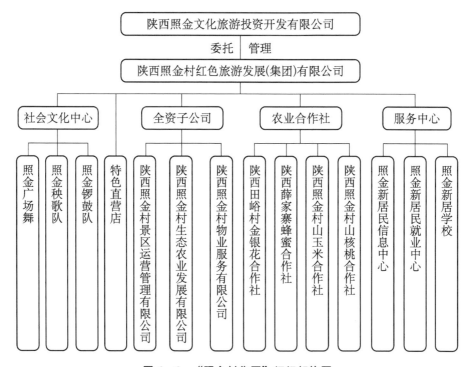

图6-6　"照金村集团"组织架构图

照金梦不仅是照金人生活的富足，更是亲情与爱心在大山里的再次绽放。照金村集团这个平台就是要让村里的乡亲们抹去心里的"地畔"，重归以股份为纽带的集团，自强不息、衣食无忧、尊老爱幼、邻里和睦，让每个游客看见他们，如见人间的美好与感动，让照金人在绿色的海洋中微笑。

新型城镇化的真正意义，是为农民创造增加收入的机会，是让城镇繁荣起来，让农民富裕起来。在这个过程中，一定要避免农民受损、农业衰败和农村凋敝。因此，就地就近城镇化，必须要让农民在家门口享有同市民相当的生活品质和公共服务，走出一条农民生活现代化、农民就业企业化和农村生态田园化的新路子，实现城乡共同进步，共同发展。

为确保老区群众真正成为新型城镇化发展的参与者和受益者，照金村集团根据当地实际情况和产业发展方向，展开了五大收入保障的设计和实业平台的搭建，即通过股份收入＋土地流转收入＋商铺租金收入＋工资收入＋创业收入的收入保障结构，确保家家有就业、户户有保障。股份收入是村民自愿入股成立的公司，每年都会有一定的分红；土地流转收入是牧场和金银花基地每年付给村民高于他们种植收入的租金；商铺租金收入是在拆迁时允许每个村民以成本价购置10平方米的商铺，公司又通过返租方式每年付给村民一定的租金；工资收入是村民虽然没有了土地，但每个人都有自己的一份工作及收入；创业收入是城镇化建设给村民带来的商机。城里人有的，他们都有；城里人没有的，他们也有。用农民的话说，就是"一样的土地，不一样的生活"。在调研时，我们见到了照金村民梁万里。他现年53岁，在照金公司上班，任职保洁队队长，月收入2 550元。以前一家六口人住在两处面积为240m² 的平房中，搬迁后分得两套住房（为两室两厅一厨一卫，面积98.8m²）。将旧房与新居面积分别折价后，还有10万元的结余。目前，一家六口人，儿子在照金公司巡警队工作，2 200元/月；儿媳在照金公司客服中心工作，1 800元/月；梁万里爱人在照金公司保洁队工作，1 400元/月；梁万里母亲每月享受125元的养老保障。

小孙女在上小学。梁万里一家每年的工资收入，加上每年土地流转收入 14 000 元，全年收入 110 780 元。2012 年之前，他因经营失败负债 18 万元，如今他家每年工资收入、土地流转收入和"四金"收入累计超过 13 万元。

专栏 6-5

幸福流淌在生活点滴之间

——新居民老梁的幸福生活

照金的居民是幸福的，随着照金新型城镇化建设，照金近 300 户居民住进了全新的住宅小区、走上了全新的街道、用上了全新的基础设施、过上了全新的生活……从村民到居民的转变，他们的幸福流淌在生活的点滴之间。

"2013 年，对于我家来说可算是喜事连连的一年。不但住进了漂亮的单元楼，而且一家人都有了工作。更值得高兴的事是儿子结婚了。如今，我们全家四口人，月收入加起来超过 8 000 元，过去做梦都不敢想。"梁万里说起 2013 年自己的收获时，乐得合不拢嘴。

在家乡工作，我骄傲

老梁梁万里性格开放，笑声爽朗，喜欢跟乡亲们拉家常。"现在集团每个季节还给我们员工发工作服，夏天发短袖，冬天发棉袄。福利还发洗衣粉、卫生纸、香皂、牙膏之类的日用品，所以家庭支出也不大，钱都能攒住，如今有车有房啥都不愁了。如今儿子也把婚结了，我和他妈就等着抱孙子哩。"老梁骄傲地说。

就在 2013 年 8 月 23 日，老梁特意挑选了这个好日子，将全家从破旧低矮的平房里搬进了精装的楼房里。考虑到儿子要成家，老梁就买了两套房（为两室两厅一厨一卫，面积 98.8m²）。他们和儿子一人一套，并且同住一层。多年漂泊在外的梁家伟说起全家人住进新房的那份喜悦时调皮地说："从破破烂烂的平房搬进小洋楼，我还真的有点不适应。"

2013 年 10 月 31 日，老梁为儿子举行了风风光光的婚礼，全村人都来道喜，老梁夫妇心里比吃了蜜还要甜。

学员"梁家班"

早在 2012 年照金红色旅游名镇工程建设按计划推进的同时，照金"红色城乡统筹"发展的重要举措——就业创业培训也迈开实质性步伐。12 月 7 日，首个园林绿化培训班正式开课，梁万里便是这批学员中的积极分子。他说，"照金正发生着巨大的变化，也是我们生活改变的机遇。"

如今，学员"梁家班"的成员又在不断增加。2014 年，照金景

图 6-7　老红军潘西顺入住新居笑开颜

区管委会、陕西照金公司、照金村集团共同启动了统筹城乡"青年优才"培养计划，在培训深造、社会实践、就业等方面给予照金当地青年帮助支持。老梁的儿子梁家伟与儿媳张迎佳又重新燃起了学习的热情。老梁媳妇张琴是一个广场舞爱好者，经过照金村集团邀请的专业老师指导，张琴和她的"姐妹们"跳得有滋有味，学习热情高涨。

对广大村民来说，新型城镇化建设带来的不仅是生活质量的提升，更是一次生活文化的再造。现在，照金村的村民不仅住上了小洋房，而且纷纷上起了班，不再种地的他们，收入比原来增加了许多。照金人的居住环境、生活方式、生产意识都悄悄地发生着变化。

离土不离乡，就业不离家，就地市民化。这是属于老梁一家的小幸福，也是属于照金小镇的大幸福。

图6-8 昔日农家女 今日上班族

图 6-9 "在家门口上班感觉真好"

专栏 6-6

梁万营的幸福账单

中国要富，农民必须富。只有农民富裕了，我们才能顺利实现全面建成小康社会的伟大目标；只有农民兄弟的钱包鼓起来了，主要依靠内需拉动经济增长的格局才会逐步形成；只有农民的生活真正好起来了，中华民族伟大复兴的中国梦才会不再遥远。在照金，脱地农民的收入如何，41 岁的照金村村民梁万营的幸福账单折射出的是照金村民收入的变化。

老梁掰着指头算起了自己近年来收益的变化：原本在镇上开个小餐馆，年收入只有三四万元；照金红色旅游名镇项目启动后，他搞起了工程土建，一年纯收入在 10 万元左右；如今，他购买了一个 70 平方米的商铺，由照金村集团管理经营，2014 年第一次分红就分了 1.26 万元，再加上土地流转租金和村民工资，2014 年总收入达到 10 多万元。梁万营家也告别了老旧院子，搬进 120 平方米的新房，水、电、气、暖，样样俱全。

第七章

生态文明建设的有效举措

中央城镇化工作会议指出，城镇建设要体现尊重自然、顺应自然、天人合一的理念，依托现有山水脉络等独特风光，让城市融入大自然，让居民望得见山、看得见水、记得住乡愁。按照这一要求，在城镇化建设中要坚持生态优先，将绿色、可持续等生态文明理念融入城镇化，促进生产空间集约高效、生活空间宜居适度、生态空间山清水秀，实现人与自然和谐发展城镇化建设新格局。城镇化不是简单的城镇人口比例增加和面积扩张，而是要在产业支撑、人居环境、生活方式等方面实现由"乡"到"城"的转变，推进城乡基本公共服务均等化。

照金的特色和优势是绿色发展。在建设中，照金通过把绿色发展理念融入城镇化建设全过程，加大城镇生态环境建设力度，努力营造绿色、优美、宜居、宜业的生态环境。一是保护绿色生态环境。坚持在发展中保护、在保护中发展，持续优化生态环境质量，使照金的山更绿、空气更清新。二是打造绿色城镇。将绿色生产方式、生活方式作为城镇建设的核心，把照金建成生态良好的美丽家园。三是以绿色食品产业为重点，打造具有竞争优势和规模优势的绿色产业体系。

第一节　建设照金牧场

从照金镇镇区步行 15 分钟，翻过纪念碑所在地的山脊，就到了照金牧场。这里原是一片撂荒地和产量不高的耕种地。经过土地流转，就势在缓坡地形花草混播，建成了一座四季景观不同的生态牧场。这是照金城镇化最具特色的成功之作，也是生态文明理念在照金的生动实践。如今在不同季节来照金的游人，对牧场五颜六色的格桑花、雏菊开遍山野时的黄色叹为观止。照金牧场美在自然，美在和谐、美在流畅、美在创意，为这座小镇增添了更多鲜艳。

图 7-1　夕阳下照金人跳起了欢快的广场舞

照金牧场的建设，是大地景观与生态农业相结合、生态农业与观光休闲相结合、观光休闲与居民就业相结合的典范。这个集放牧、休闲、观赏、娱乐为一体的现代化牧场，既充分利用了照金的山地资源，强化了旅游休闲功能，也解决了居民的就业、提高了居民的收入，可以说是一举多得。

绿草如茵、草木葱茏，色彩缤纷的照金牧场让道路沿线处处有景；夕阳西下，游客渐散的照金牧场，留下清风拂过牧场的悠扬"乐曲"，在这里随处可见的是悠闲散步的照金人……

专栏 7 - 1

照金牧场：小镇的调色板

照金牧场是照金红色旅游名镇的生态休闲游憩区，气候地貌等与中欧的天然牧场相近。牧场以雄浑连绵的丹霞山峰为背景，四季景致各异。牧场内有天然密林、小型湿地和靶场、山地自行车道、露营区、烧烤区、儿童拓展基地等游乐设施，以及望霞山舍、草亭等补给休憩区。牧场的外围是半人高的乳白色栅栏，枕木路和透水砖铺就的自行车道从正门口一直蜿蜒至整个小镇的制高点。不论是畅游七彩轮回花海、山地骑行还是夜晚仰望银河，都能体验到浓浓的欧式风情。

照金牧场不同于其他任何一个地方的牧场，这里的植被是在自然生长的基础上加以花草混播，每个季节景观都不同，花期错落，不至于太热闹，也不至于太单调，而牧草与花海的分区栽种间隔有致，则使牧场无论在哪一个季节都有不一样的视觉效果。

照金牧场更像一个大公园，观光小路横穿整个牧场，供游人骑行、漫步。每年的 3～4 月，是油画写生的好时节，站在对面的丹霞山上眺望牧场或者坐在牧场与对面的丹霞山对望，身心都会被一片

"萌绿"的印象派色调包围；而在5~7月，牧草和雏菊迎来它们的旺季，鲜嫩多汁的牧草让骑行其中的人溅得一身凉爽与自在；8月开始，格桑花竞相开放，这种植物随着季节变换，颜色也会悄悄发生转变——夏天以白色居多，到了秋天就成了遍野的红与橙。大半年都被五彩缤纷的鲜花所覆盖的牧场，也成了整个小镇的调色板。

图7-2　照金牧场集体婚礼

牧场自2013年7月份开放以来，已成功举办过多次大型文化活动，其中，照金牧场集体婚礼、照金中秋露营赏月节、牧场音乐会等已连续举办两届，已成为小镇的品牌活动。篝火晚会、私人订制婚礼、私人订制主题派对等高端定制服务也随之风生水起。

就地城镇化的实质是人的城镇化，通过加大基础设施投入、推进基本公共服务均等化、人居环境公园化，让农民既享受城市的生活品质，又感受乡村的田园气息。

第二节 培育绿色产品

对照金来说，绿色生态是最大的财富、最大的优势、最大的品牌。充分扬己之长，全力培育绿色产品，既能满足市场消费者对品种优良、口感好、营养丰富、安全的绿色产品的需求，又能提升农民增收能力。

照金独特的地理位置，良好的生态环境是核桃等优质农特产品的最佳优生地。从立夏到 10 月，这里的核桃要比关中地区多成长两个月，还有优质的玉米、金银花和土蜂蜜。如何让照金的优质山地农特产品形成产业链，培育出源于"照金"的农特产品品牌，是破解照金民生工程的重头戏。为此，照金镇通过土地流转，建设了金银花生产基地。采取统一收购、精美包装、统一品牌、强力促销，提高了照金核桃等农特产品的知名度和销售量。通过延长产业链，生产核桃油、亚麻油，不断提高农特产品的附加值，增加农民收入。2013 年各类绿色食品销售收入达 800 余万元。

专栏 7－2

以工业的经营理念发展市场化农业

通过照金村集团的带动，实行"五统一"（统一收购原材料，统一精美包装，统一品牌，统一定价，统一销售），实现产供销形式的一体化经营，形成优质农特产品产业链，增加农特产品的附加值，照金村农特产品实现了跨越发展。

以前，照金人的农产品只能在农贸市集上摆地摊，无包装，以

图 7-3　照金村农特产品专卖店

图 7-4　富有特色的"照金村"牌农特产品

极低的价格出售。2012 年春节，"照金村"牌第一代农特产品正式面市，至 2013 年春节正式售罄，总销售额达 650 万元。

2014 年 7 月 1 日是党的 93 岁生日，这一天，"照金村"牌第二代农特产品精装上市。这一批次农特产品包含核桃油亚麻油系列、干果系列、杂粮系列、酵素、土蜂蜜、金银花共计 6 个种类，17 个产品。同时，"照金村·印象市集"农特产品特许经营店在照金文化商业街区盛大开业，这又为照金村牌农特产品提供了一个良好的展销平台，成为照金另一张闪亮的名片。

第三节　打造生态城镇

推进新型城镇化，必须牢固树立生态文明理念，正确处理城镇化和环境保护的关系，打造生态城镇，实现人与自然和谐发展。

打造生态城镇是人类社会发展历史的经验总结。从世界历史发展来看，人类经历了原始文明、农业文明、工业文明，生态文明是工业文明发展到一定阶段的产物，是实现人与自然和谐发展的新要求。传统工业化的迅猛发展在创造巨大物质财富的同时，也付出了沉重的生态环境代价[①]。在吸取了无数教训后，人们认识到，自然环境的可再生能力是人类生存的基础和文明演进的前提。推进新型城镇化建设，必须尊重自然、顺应自然、保护自然，着力提高发展持续性、宜居性。

打造生态城镇是实现绿色发展的内在要求。绿色是永续发展的必要条件。习近平总书记指出，良好生态环境是最公平的公共产品，

---

① 孙春兰. 加快生态文明建设 着力打造美丽家园 [N]. 人民日报，2013-09-11.

是最普惠的民生福祉。把生态文明建设贯穿于新型城镇化建设各方面和全过程，为人民提供清新的空气，优美的环境，是推进以人为核心的新型城镇化的科学抉择。

图7-5 山花烂漫的照金之春

打造生态城镇是提高城镇化质量的必然要求。新型城镇化离不开经济的繁荣，更离不开良好的生态环境。人民群众过去"求温饱"，现在"盼环保"，希望生活的环境优美宜居、能喝上干净的水、呼吸上清新的空气、吃上安全放心的食品。拥有天蓝、地绿、水净的美好家园，是每个中国人的梦想。我们只有大力建设生态城镇，才能让人民的生活更美好。

自2012年推进城镇化以来，照金就确立了"红色旅游发达、产业特色鲜明、生态环境良好、居民和谐幸福"的总体目标，制定了生态文明城镇建设的路线图。在城镇建设规划时，尊重生态城镇发

图 7-6 格桑花开的夏季牧场

展规律，坚持科学性、整体性和可操作性的原则，从全局高度综合考量照金的地理位置、生态系统、人文环境等因素，因地制宜制定城镇发展战略规划。在发展战略上，突出生态优先。"一草一木真朋友，山鸟山花好兄弟"。建设中注意保留原始风貌，尽可能在原有村庄形态上改善居民生活条件。城镇内部的山、水、林、草等各种自然要素都用来进行生态城镇建设，发挥其生态服务功能。在产业发展上，突出发展绿色产业。充分运用照金独特的地理位置，打造绿色有机生态农产品品牌。在生活环境上，使生态城镇成为人们的宜居之地。从方便生活、有利生产着眼，不断完善城镇基础设施，加强城镇绿化、美化、清化、静化的工作，创造亲近自然、舒适安宁的生态型居住环境。

图7-7　层林尽染的丹霞风光

经过两年多的不懈努力，照金镇的面貌和形象得到质的飞跃，蓝天、白云、绿树、红房交相辉映，原本再平常不过的清新空气、皎洁月光，都悄然转变为当地农民的"财富"，农村的生产方式也悄悄发生着变革，一座小而精、小而美、小而特的红色旅游名镇，正以迷人的风姿崛起。

图 7 - 8　银装素裹的冬日山涧

第八章

照金城镇化建设研究

2014年9月16日，李克强总理在主持召开推进新型城镇化建设试点工作座谈会上指出："我国经济保持中高速增长、迈向中高端水平，必须用好新型城镇化的强大引擎。新型城镇化是个综合载体，不仅能破解城乡二元结构、促进农业现代化、提高农民收入水平，也有助于扩大消费和投资、催生新兴产业，释放更大内需潜力，顶住下行压力，为经济平稳增长和持续发展增动能。要贯彻中央城镇化工作会议精神，按照科学发展要求，遵循规律，用改革的办法、创新的精神推进新型城镇化，促进'新四化'协同发展，取得新突破"。[①]

第一节　照金城镇化建设的有益启示

一、照金城镇化让老区人民过上新生活

习近平对革命老区人民脱贫致富十分关心，多次做出重要指示。2015年2月13日下午5时，他在中国延安干部学院主持召开陕甘宁革命老区脱贫致富座谈会，指出："革命老区是党和人民军队的根，我们永远不能忘记自己是从哪里走来的，永远都要从革命的历史中

---

① 李克强：扎实推进以人为核心的新型城镇化. 央视网，2014 - 09 - 16.

汲取智慧和力量。老区和老区人民为我们党领导的中国革命做出了重大牺牲和贡献，我们要永远珍惜、永远铭记。我们要实现第一个百年奋斗目标，全面建成小康社会，没有老区的全面小康，没有老区贫困人口脱贫致富，那是不完整的。各级党委和政府要增强使命感和责任感，把老区发展和老区人民生活改善时刻放在心上，加大投入支持力度，加快老区发展步伐，让老区人民都过上幸福美满的日子，确保老区人民同全国人民一道进入全面小康社会"。

照金通过新型城镇化建设，让老区人民过上幸福美好的新生活，就是对习近平总书记重要讲话的生动实践。这既是我们党坚持全心全意为人民服务的重要体现，也是消除贫困、实现共同富裕的具体行动。

新型城镇化建设把老区群众过上美好新生活的殷切期望变成了实际行动。以照金为中心的陕甘边革命根据地，在中国革命史上写下了光辉的一页。战争年代，革命先烈抛头颅、洒热血，老区人民捐粮捐物、送子送女，为的就是过上幸福美好生活。通过推进城镇化建设，把照金红色旅游名镇建设好，让老区人们生活更富裕、更幸福，能够分享现代化建设的成果，老区建设才算成功，老区建设才有意义。

新型城镇化建设是全面建成小康社会的迫切需要。目前，革命老区建设发展同发达地区相比大多处于相对滞后状态，有不少地区仍处贫困之中。要实现第一个百年奋斗目标，全面建成小康社会，没有老区的全面小康，没有老区贫困人口脱贫致富，那是不完整的。推进新型城镇化，加大投入支持力度，加快老区发展步伐，让老区人民都过上幸福美满的日子，确保老区人民同全国人民一道进入全

新型城镇化在红色照金

面小康社会，是全面建成小康社会的迫切需要。

二、照金城镇化建设的经验与启示

近年来，照金探索出一条独具特色的新型城镇化之路：突出"红色即民生"，突出"无伤痕开发"，推进城镇建设生态化；突出产镇融合，推进产业支撑高效化；突出公共服务均等化，推进城乡发展一体化。

照金在城镇化建设中，从本地实际出发，立足资源禀赋和产业基础，找准自身比较优势，做好特色文章，走出了一条适合自身实际的新型城镇化发展之路。照金在新型城镇化建设中积累的经验，对各地的城镇化实践具有借鉴意义。

（一）突出特色是推动新型城镇化发展的关键环节

国家新型城镇化规划（2014—2020 年）提出，根据不同地区的自然历史文化禀赋，体现区域差异性，提倡形态多样性，防止千城一面，发展有历史记忆、文化脉络、地域风貌、民族特点的美丽城镇，形成符合实际、各具特色的城镇化发展模式。

照金镇在推进城镇化过程中，规划设计充分体现尊重自然、顺应自然、天人合一的理念，利用好照金现有资源和山水脉络等独特风光的优势。弘扬红色文化，对红色历史文化进行系统提升；突出产业特色，做好旅游兴镇的文章；依托自然资源，发展休闲观光体验游；保护传统优秀文化，延续城镇历史文脉。照金城镇规划的制定是政府、项目实施企业和农民群众群策群力的结果，有利于形成

172

共建共管的良好氛围。照金新型城镇化建设十分注重发挥规划的指导和协调作用，其城镇规划不仅强调功能完整、布局合理，而且坚持长远性原则，对未来留有充分的发展余地。

照金经验表明，建设新型城镇化，突出特色尤为关键。在规划中要因地制宜，坚持高起点科学规划，特色化建设运营，深入挖掘不同小城镇的自然资源、产业特色、历史文化，建设有自己鲜明特色支撑的城镇，提升城镇内在实力。

（二）产镇融合是推动新型城镇化发展的必由之路

城镇化不是简单地划出一块地、盖上几座楼或农民"上了楼"就完事了，只有同时解决好农民在城镇的稳定就业和收入问题，才能持续推进。因此，推进城镇化必须有产业支撑。推动新型城镇化要与培育地方产业相结合，打造产业特色鲜明的小城镇。没有产业支撑的小城镇，就没有吸纳当地农民进镇就业的能力。因此，小城镇建设必须结合本地资源优势，集中力量打造富有地方特色的产业，形成产业竞争优势，带动当地农民进镇务工、定居生活，实现农村就地城镇化、农民就地城镇化。

照金产业发展之路是从其自身的资源禀赋、产业特点、地缘优势、人文特质、生态环境等客观条件出发，因势而谋、应势而动、顺势而为的结果。是以红色旅游产业为龙头，不断打造和延长产业链，实现旅游、文化、生态产业联动发展，不仅为城镇化提供了经济基础，还为农民提供了就业岗位和收入来源。

照金推动新型城镇化发展的有益启示是，新型城镇化建设必须坚持因地制宜、产业优先原则，找准发展特色产业的突破口，宜商则商、宜农则农、宜游则游，真正把特色产业发展成为具有市场竞争力，成为一方致富的优势主导产业，实现城乡居民收入的稳定增长。

（三）公共服务均等化是推动新型城镇化发展的内在要求

在城乡一体化框架下重新定位城镇化，特别是要进一步减小城乡居民在医疗、教育、养老等方面的差距，实现基本公共服务均等化。

城镇化是文明的提升，以公共服务体系为保障。城镇化不仅意味着更多的农民进入城镇，而且意味着镇村公共服务的普遍覆盖与普遍享有，是养老、医疗、教育、就业、住房、社会救助等民生项目的建设投入，同时要加大就业培训力度，助力农民就业方式转型，实现从二元分割到城乡一体化发展的转型，使农民能够真切地享受小城镇建设所带来的红利。人们对基本公共需求的增加，需要政府注重提供全覆盖、均等化的公共服务。

照金把人作为城镇化的核心，将人民群众的根本利益放在首位，坚持民生优先、公平共享的发展理念，稳步推进城镇基本公共服务均等化，使城乡居民在城镇化中共享现代化建设成果。通过改善镇域的基础设施，增加镇域的公共品供给，真正落实教育、医疗、养老、低保、保障性住房以及土地利用、福利待遇等配套政策，使农民享受到与市民同等的服务和公共设施，使其感觉到在农村生活和在城市生活没有较大区别，在农村享受到与城市同等的生活质量，产生同等的幸福感和舒适感。

照金推动新型城镇化发展有益启示是，新型城乡镇化建设必须重视推进城乡基本公共服务均等化。一是优先考虑基础设施和社会服务设施的建设，加大公共财政对农村基础设施建设的覆盖范围和投入力度，改造村镇的居住环境，提高村镇居民生活的舒适度；二是推动城乡义务教育资源均衡配置，健全农村公共卫生服务体系，健全农村养老保险体系等，只有当城乡居民在教育、就业、医疗和社保等方面都享受到同等待遇时，城乡一体化才会有质的飞跃。

（四）良好生态环境是推动新型城镇化发展的显著标志

随着城镇化发展不断深入，生态文明建设地位和作用日益凸显。建设生态文明是关系人民福祉，关乎民族未来的长远大计。走向生态文明新时代，建设美丽中国是实现中华民族伟大复兴的中国梦的重要内容。新型城镇化建设，要按照生态文明、绿色低碳的原则，把生态文明理念全面融入城镇化进程，着力推进绿色发展、循环发展、低碳发展，节约集约利用土地、水、能源等资源，强化环境保护和生态修复，减少对自然的干扰和损害，推动形成绿色低碳的生产生活方式和城市建设运营模式。[①]

照金镇在推动新型城镇化发展过程中始终不忘生态文明建设，充分利用得天独厚的自然生态条件，搞好城镇微观空间布局治理，科学设置开发强度，把城镇放在大自然中，把绿水青山保留给城镇居民。坚持"因地制宜、科学布局、注重特色"的原则，把镇域作为一个大公园来规划建设，既改善了城镇生态环境，提升了城镇品位和形象；又以建设新村为契机，兴建了与红色景区交相辉映、适

---

① 国家新型城镇化规划（2014—2020 年）［M］．北京：人民出版社，2014 年版．

合城镇居民居住的新型社区，人居环境明显改善，提高了照金镇居民的生活质量和幸福指数。

照金推动新型城镇化发展有益启示是，新型城乡镇化建设必须要大力推进生态文明建设。习近平总书记指出："良好生态环境是最公平的公共产品，是最普惠的民生福祉。"只有树立起保护生态环境就是保护生产力的理念，才能在推动新型城镇化过程中，实现城乡生产空间集约高效、居民生活空间宜居适度、生态空间山清水秀、给自然留下更多修复空间，给农业留下更多良田，给子孙后代留下天蓝、地绿、水净的美好家园。

（五）精心组织实施是推动新型城镇化发展的有力保障

推进新型城镇化，既要充分发挥市场在资源配置中的决定性作用，又要更好发挥政府作用。城镇化是一个由市场内在动力不断推动发展的过程，也是一个需要政府做好引导和服务的过程。照金在推进城镇化过程中，既充分发挥市场在资源配置中的决定性作用，又充分发挥政府在规划引导、提供公共服务、维护公平正义、保护资源环境等方面的作用，着力建设"有效市场"和"有为政府"，推进城镇化建设。

为了推进照金镇的建设，铜川市建立了强有力的决策指挥体系。在市级层面，成立照金景区建设领导小组。在执行层面，设立照金景区管理委员会，为开发建设提供有力的政策支持和环境保障，协调解决建设中的各种问题，确保了开发建设的高起点定位、高标准谋划、高层次推进。特别重要的是，铜川市、耀州区、照金镇各级领导干部对照金镇的建设高度重视，亲力亲为，靠前指挥，用心把握，倾注了极大的心力。其有益启示是，只有正确处理好政府与市场的关系，推动城镇化中各种资源依据市场规则实现最优配置，注重发挥社会资本作用，才能真正激发新型城镇化发展的内在动力，促进城镇化有序健康发展。同时，各级干部要带头发扬实干精神，真抓实干、埋头苦干，出实策、鼓实劲、办实事，不图虚名，不务虚功，才能推动城乡发展一体化取得实质性进展。

第二节　城镇化与基本公共服务均等化

新型城镇化的核心是"人的城镇化"，而"人的城镇化"关键是同步推进基本公共服务均等化的实现。健全基本公共服务体系，实现基本公共服务均等化，对于推进以人为核心的城镇化健康发展，保障发展成果惠及全体人民，促进社会和谐稳定，实现经济社会全面协调可持续发展，具有重大意义。

一、我国基本公共服务均等化发展阶段分析

城镇化是解决城乡差距的根本途径，也是最大的内需所在。城镇化不是把所有的农村变为城镇，也不是把所有的农民变为市民，是以公共教育、就业服务、社会保障、医疗卫生、人口计生、住房保障、公共文化、基础设施和环境保护等为基本内容，以城镇居民生活质量同步提高为标志，是内涵上合理有序实现农业转移人口的市民化。根据我国经济和社会发展阶段和水平，实现城乡基本公共服务均等化大体需要经过三个阶段：城乡基本公共服务非均衡发展

阶段、城乡基本公共服务统筹发展阶段和城乡基本公共服务均衡发展阶段。

城乡基本公共服务非均衡发展阶段（1978—2002年）。改革开放以来，中国在经济领域取得的成就举世瞩目。但二元的经济社会结构，造成城乡居民在基本公共服务方面的利益差异，突出表现在就业、义务教育、基本医疗与社会保障这四个与民生高度相关的领域。就业制度。由于城乡二元户籍制度的存在，长期以来我国实行的是城乡分割的劳动就业制度。城乡在就业政策、就业岗位、就业待遇、就业保障等方面不平等。这一歧视性的制度限制了农民流动权力，是阻碍农民工市民化的一大障碍。义务教育制度、经费投入重城轻乡，使城乡义务教育资源差距加大，城市的校舍建设越来越漂亮，而有些农村的教学设施则相对简陋，影响了农村义务教育质量的提高。基本医疗制度。在相当长的一段时间内，政府投入重城市、轻农村，重大医院、轻小医院，重一般医疗服务、轻公共卫生。农村基本医疗服务因投入不足发展缓慢，从而导致城乡基本医疗卫生资源配置严重失衡，医疗服务的可及性差。还有社会保障制度方面城乡存在的巨大差距。城乡基本公共服务非均衡发展一直到进入新世纪后才逐步有所改变。

城乡基本公共服务统筹发展阶段（2002—2015年）。这一阶段，随着我国经济实力、综合国力的提高，我国基本公共服务体系建设取得了显著成效。城乡免费义务教育全面实施，公共教育体系日趋完备，国民平均受教育年限超过9年。实施积极就业政策，初步建立起面向全体劳动者的公共就业服务体系。全民医保体系基本建立。2002年，我国提出要逐步建立以大病统筹为主的新型农村合作医疗制度。到目前为止，我国已经织起了世界上最大的基本医疗保障网，2015 年，城镇职工基本医疗保险、城镇居民基本医疗保险、新型农村合作医疗 3 项基本医疗保险参保人数超过 13 亿，参保率保持在 95％以上，较 2010 年提高了 3 个百分点。2015 年新农合、城镇居民医保人均筹资增加到 500 元左右，其中政府补助标准提高到 380 元，比 2010 年（120 元）增长了 2.2 倍。2014 年 3 项基本医疗保险住院费用政策范围内报销比例均达到 70％以上。实施城乡居民大病保险，全面建立疾病应急救助制度①。建立了统一的城乡居民基本养老保险制度。2009 年国务院决定开展新型农村社会养老保险（新农保）试点。规定年满 60 周岁、未享受城镇职工基本养老保险待遇的农村有户籍的老年人，可以按月领取养老金（2015 年起，城乡居民基础养老金标准统一由 55 元提高到 70 元为/人/月）。"新农保"的建立，标志着我国城乡基本公共服务均等化起步阶段的任务已基本完成。基本公共服务规划发布。2012 年 7 月《国家基本公共服务体系"十二五"规划》规定了 9 大领域 44 类 80 项，首次从国家角度提出了基本公共服务项目及其标准。2014 年 4 月《陕西省基本公共服务体系规划（2013—2020 年）》为陕西基本公共服务均等化供给提供了标准依据。这标志着我国基本公共服务的制度框架已初步形成，城乡基本公共服务均等化明显推进。

城乡基本公共服务均衡发展阶段（2016—2020 年）。这一阶段，覆盖城乡居民的基本公共服务体系逐步完善，推进基本公共服务均等化取得明显进展；到 2020 年实现全面建设小康社会奋斗目标时，

---

① "十二五以来特别是党的十八大以来我国医疗卫生事业改革发展的辉煌成就"［N］．中国青年报，2015－10－14（03）．

基本公共服务体系比较健全，城乡区域间基本公共服务差距明显缩小，争取基本实现基本公共服务均等化。同时要指出，基本公共服务均等化是指全体公民都能公平可及地获得大致均等的基本公共服务，其核心是机会均等，而不是简单的平均化和无差异化。基本公共服务体系要体现出普遍性、统一性和方便可及性。普遍性是指所有国民，不论城乡、地区、身份和职业，都有获得基本公共服务的权利。保障人人享有基本公共服务是政府的职责。统一性是指基本公共服务的基本项目健全，同类项目统一运行，对所有国民实施统一的服务标准。基本公共服务标准在一段时期内可以不一，但制度必须统一，并且待遇差距不断缩小。方便可及性是指以基层为重点的基本公共服务网络全面建立，设施标准化和服务规范化、专业化、信息化水平明显提高，城乡居民能够就近获得基本公共服务，这才是真正意义上的城乡基本公共服务均等化。

二、城乡基本公共服务均等化问题与制约因素分析

从总体上看，我国基本公共服务的制度框架已初步形成，人民群众上学、就业、就医、社会保障等难点问题得到有效缓解。

陕西近年重点示范镇建设的实践表明，凡是注重产业发展，在基本公共服务（就业、社保、免费义务教育等）供给质量水平较高的重点镇，吸引人口"集聚"效应就更强。同时也要看到，在城镇化推进过程中，基本公共服务供给不足、发展不平衡的矛盾仍然十分突出，建立健全基本公共服务体系，总体实现基本公共服务均等化仍然面临许多困难和挑战。

城乡基本公共服务供给总量不足。十八大以来，我省提出全面推进农业转移人口市民化与城镇公共服务常住人口全覆盖。为推进有条件的农村居民进城落户，重点从户籍管理、财政支持、社会保障、土地权益、行政管理给予农业户籍人口一定政策倾斜，提升农业户籍人口社会福利待遇、缩小城乡户籍人口社会福利差距。但同时也产生了农业转移人口公共服务需求总量不断攀升与政府有效供给不足之间的矛盾。推进城镇化，一方面大量农业转移人口进城落户，农业转移人口理性选择进城获得市民身份和待遇，需要解决在城镇生活的养老、医疗、教育、就业等方面的公共服务问题，使户籍改革的成本和风险有增无减。造成地方政府所应对的风险和公共财政支出成本巨大。如果按 10～20 年分时间段来分摊公共服务的巨大投入，虽可以缓解政府公共服务财政支出的资金压力，但基本公共服务供给规模和质量，短期内还难以满足居民日益增长的公共服务需求；另一方面因缺乏公共服务的相关配套政策，简政放权"最后一公里"到位不实，地方的发展"活力"释放不够，尤其是一直困扰着地方政府的财权与事权不匹配问题，使地方政府在提供基本公共服务方面显得心有余而力不足。

政府配置公共资源"均衡效果"不明显。城镇建设中，非均衡的城乡公共服务资源配置尚未解决。以义务教育为例。一些重点镇所在地义务教育办学条件依旧薄弱，寄宿制学校的基本办学条件亟待改善。县域内义务教育学校标准化建设和教师周转宿舍建设滞后。政府配置公共教育资源，尤其是优质公共教育资源分布不均，区域内优质中小学数量"稀缺"，就近就地城镇化入学政策的社会效益尚未发挥。在基础教育和医疗方面，"软件"建设与"硬件设施"不同步，虽然我省绝大多数重点镇幼儿园、小学、中学和医院的设施大为改观，但优秀的教师和医务技术人员总量明显不足，教育资源和医疗资源城优乡差的现状没有根本改变；农民的就业渠道还很有限，现有的职业技能培训针对性不强，农村劳动者素质亟待提高；在社会保障方面，重点镇"新农合"虽然已经实现全覆盖，但门诊的报销比例低，一些慢性病患者的医疗负担重。60岁以上老人养老保障标准还比较低。一些重点镇按城镇职工标准缴纳养老保险的人数较少。

城乡基本公共服务地区间、区域内发展水平不平衡。公共服务在城乡间的落差较大，影响到区域之间的要素流动，制约了区域内的协同发展。地区间受经济发展水平和财政收入的制约，在基本公共服务提供中存在按国家规定的供给标准与实际的执行标准的不统一，造成城乡基本公共服务实际供给水平和质量差距较大。

基本公共服务体系不健全。各类管理主体政策、制度协同性差，整合资源不同步。各级政府及管理部门出台的相关配套政策量大、面广，因供给主体之间信息沟通不畅，"割裂式"施政的"壁垒门"没有彻底消除，城乡区域间公共服务制度设计，呈现出"碎片化"状态。基本公共服务体系不健全，优质教育、医疗、社会保障的"结果不均等"影响规则公平和机会公平政策社会效益。比如进城农民工，不能享有与城市居民同等的公共服务待遇，一些农民工子女在城市仅解决了"上学难"问题，但同权共享同等质量的教育保障难；新型城镇化加速流动人口活动的数量和地缘范围，因受地方利益保护影响，各市农民工参加的医疗保险政策彼此之间不兼容，管理条块分割，不能保证流动性较强的农民工的基本权益，造成农民工医疗保险参保率低。

缺少确保公共服务供给主体、规范管理资金支出的法治保障。管理法治化还停留于单靠系列政策驱动的盲区，公共服务均等化的法治化效果不明显。各级政府支出责任在现行的转移支付结构下，因对公共服务、公共产品配置需求的实地核查测算不够精准，缺少针对流动人口的以公共需求为导向的公共服务合理制度安排，导致地方政府公共服务供给的财力收支缺口较大，加之均衡性转移支付比重小，难以支撑地方公共服务所需后续建设配套设施资金。比如亟待解决农村公交客运一体化服务、污水处理配套设施建设。

社会资本参与公共服务"共建共享"尚处于探索阶段。一方面因公共服务社会化、市场化发育不够成熟，不能有效区分公共服务的"提供"与"生产"主体，政府公共服务供给方式单一，公共服务购买数量、种类、规模不足，仅限于公共服务岗位的简单政府购买模式，严重影响公共服务的质量。另一方面"动态"管理基础数据滞后，运用数据技术"共享"服务难度大。城镇人口中数量庞大的常住非户籍人口与登记管理制度不规范、信息数据技术支撑不足问题突出。县（区）网络基础数据信息管理手段比较落后，运用电子网络，提升政务管理的能力较弱，缺少专业技术人才，各管理主体运行中对公民基础数据共享、居民诚信度核查监督。

三、以改革创新推进城乡基本公共服务均等化

我国未来几十年最大的发展潜力在城镇化。"十三五"时期，在加速推进基本公共服务均等化新阶段，着力解决城乡基本公共服务

供给总量不足、区域城乡质量不均衡，制度"碎片化"问题，是推进新型城镇化的主要环节。按照健全国家基本公共服务体系的要求，在供给层面增域、加项、提标、扩面，使公众广泛享有更多基本公共服务；在制度层面推进立法、加强规范，使基本公共服务制度更加成熟定型；在实践层面推进公正、便利、可及，使基本公共服务从制度全覆盖迈向实际全覆盖。[①]

进一步转变发展观念，提升公共服务均等化水平。把基本公共服务制度作为公共产品向全民提供，是我国公共服务发展从理念到体制的创新。推进城镇化，必须牢固树立两个核心理念。一是以人为核心的城镇化，关键是城乡公共服务均等化；二是把基本公共服务均等化作为推进城镇化的主要环节。围绕以人为本，保障基本；政府主导，坚持公益；统筹城乡，强化基层；改革创新，提高效率来完成。加大城镇基础设施和社会服务设施建设力度，进一步提升城镇承载能力，把城镇建成生产要素集聚发展和承载农村人口转移的直接区域。坚持以人为本，最根本的一条，就是要善待外来人口。通过推进城镇基本公共服务逐步均等化，圆进城农民的"市民梦、创业梦、安居梦"三大梦想，进一步提升城镇居民获得感和幸福感。通过优先保障基本公共教育、劳动就业服务、社会保险、基本社会服务、基本医疗卫生、人口和计划生育、基本住房保障、公共文化体育等服务的均等化，实现转移人口由农民变市民的"身份转变"。加强对外来人口的职业教育与培训，提高职业素质，保障转移人口有稳定就业。同时，要使转移人口不仅"洗脚上楼"，而且"洗脑进

---

① 邢伟."十三五"时期健全国家基本公共服务体系的重大举措［J］.中国经贸导刊，2014.

城"，变革生产方式、生活方式和思维方式，更好地融入城市。①

加大财政体制改革，突破财权与事权的匹配改革的困境。首先系统调配财力，促进财政支付"纵向"均衡与"横向"均衡。扩大公共财政投入，建立起以保障公共服务为核心的公共财政体系。一是弥补财政支付"纵向"缺口，重点向县以下延伸资金补助，增加省直管县的一般性转移支付的比重，将财政投入向基层、农村地区和贫困地区倾斜，使县级地方政府的财权与事权相匹配。其二根据核查公共服务实际需求，调整"横向"财力分配，对经济欠发达的同级县（区），由省级统筹增加财政倾斜的力度，按需缺补齐差异，最终实现供给结果的均等。其次建立均等化的财政转移支付增长机制 基本公共服务均等化的主要实现手段是政府间转移支付制度，转移支付是保障"机会均等"的前提。美国经济学家肯尼斯·阿罗从"社会效用之和最大化"角度出发，提出财政均等化的转移支付制度设计思路。即"财政收入与财政支出"两条基本线路，依据客观、确定、中立或激励相容、透明、经济可行基本标准，选择适合国情的财政转移支付制度。② 按照国务院印发《关于改革和完善中央对地方转移支付制度的意见》要求，改革和完善转移支付制度的总体思路，是以推进地区间基本公共服务均等化为主要目标，完善一般性转移支付稳定增长机制。同时清理、整合、规范专项转移支付，严控项目数量和资金规模，增强地方财政的统筹能力。③ 在目前财政分权体制下，发挥省级统筹作用，提高资金使用的效率，按发展阶段

---

① 辜胜阻.让城镇化成为稳增长的重大引擎［N］.中国经济时报，2015-09-24（05）.

② 卢洪友.中国基本公共服务均等化进程报告［M］.北京：人民出版社，2012年版.

③ 贾晓伟.弥补地方收支缺口 促进基本公共服务均等化［N］.人民日报，2015-05-06.

分步提高一般性转移支付增长比例，使其成为转移支付的主要形式。省、县各层级政府应形成信息透明的合作机制，通过合理的职能划分，实现城乡基本公共服务均等化的可持续供给。

健全基本公共服务城乡统筹体系。从"结果均等"导向出发，整合"碎片化"更注重决策制定、政府公共服务供给的回应性效果。一是建立适应新型城镇化要求，城乡统一基本公共服务标准体系。建立保障有力、满足运转需要的公共财政投入保障机制，建立民主决策、民主评议、民主监督的公共服务管理体制，形成覆盖全程、综合配套、便捷高效、城乡统一的社会化公共服务体系。二是合理配置基本公共服务的资源。比如建立城乡义务教育均衡发展机制，优秀师资配备向农村倾斜。建立城乡居民方便共享的公共卫生和基本医疗服务体系，鼓励医务人员向农村流动，让农民得到基本公共服务的实惠。转变地方政府职能，提高公共服务供给效率，是推进城乡基本公共服务均等化的重要途径。

建立基本公共服务多元供给机制。完善公共服务的供给策略，有效区分公共服务的"提供"与"生产"主体，提高地方政府的供给效率。首先构建以政府协调干预，以非营利组织为中介、以社区基层自治为基础、居民广泛参与的互动平台，[①]鼓励民间组织与地方政府合作，大力培养民间社会组织公共服务能力，为其创造相应的制度环境，补充延伸政府公共服务职能。其次创新基本公共服务多元化、多样化供给方式。在基础教育、医疗卫生、就业培训等基本公共服务领域，可对传统的靠预算拨款、政府直接举办提供公共服

---

① 俞雅乖. 农村公共服务供给：模式创新与城乡均等化［M］. 北京：中国人民大学出版社，2014 年版.

务的方式进行大胆改革，创新由政府监管为主，企业及社会组织完成的公共服务的有效供给机制。比如华县瓜坡镇为了解决重点镇基础设施建设资金短缺问题，通过市场化运作方式吸引民营企业参与，按照"谁投资、谁所有、谁受益"的原则，将新建镇区内供水、供暖实行政府特许经营模式，由民营企业来承担。政府按照公共性和公益性的要求，做好监管和服务。扩大基本公共服务的购买范围，提高公共服务效率和质量。再比如地方政府建立社区"幸福苑"，通过购买居家养老服务，降低提供优质服务的成本，提升社会自治和自我服务的能力。

畅通基本公共服务需求和利益表达机制。建立和完善地方公共物品需求和利益表达机制，保持地方公共物品供求关系的相对平衡、减少公共资源浪费、减轻农民负担、维护城镇化过程中农村人口的合理权益。关注进城农民的公共物品需求和利益诉求，需根据实际需求偏好、优先顺序，有针对性按需供给公共物品。同时建立规范管理程序，通过承诺制度、听证制度、信息查询咨询制度，使公共服务真实的需求信息转变为政策决策的依据和行动目标，确保基本公共服务供给"结果均等"。

总体实现城乡基本公共服务均等化，是推进城镇化的关键环节。唯如此，才能提升城乡居民的公平感、幸福感，使城乡居民生活得更有尊严。这样，新型城镇化才会获得持久动力并走上良性发展之路。

附　录

附　录

附录一

中央城镇化工作会议在北京举行

中央城镇化工作会议 12 月 12 日至 13 日在北京举行。

习近平在会上发表重要讲话，分析城镇化发展形势，明确推进城镇化的指导思想、主要目标、基本原则、重点任务。李克强在讲话中论述了当前城镇化工作的着力点，提出了推进城镇化的具体部署，并做了总结讲话。

会议指出，城镇化是现代化的必由之路。推进城镇化是解决农业、农村、农民问题的重要途径，是推动区域协调发展的有力支撑，是扩大内需和促进产业升级的重要抓手，对全面建成小康社会、加快推进社会主义现代化具有重大现实意义和深远历史意义。改革开放以来，我国城镇化进程明显加快，取得显著进展。2012 年，城镇人口达到 7.1 亿，城镇化率基本达到世界平均水平。

会议认为，在我们这样一个拥有 13 亿人口的发展中大国实现城镇化，在人类发展史上没有先例。城镇化目标正确、方向对头，走出一条新路，将有利于释放内需巨大潜力，有利于提高劳动生产率，有利于破解城乡二元结构，有利于促进社会公平和共同富裕，而且世界经济和生态环境也将从中受益。

会议要求，城镇化是一个自然历史过程，是我国发展必然要遇到的经济社会发展过程。推进城镇化必须从我国社会主义初级阶段基本国情出发，遵循规律，因势利导，使城镇化成为一个顺势而为、水到渠成的发展过程。确定城镇化目标必须实事求是、切实可行，不能靠行政命令层层加码、级级考核，不要急于求成、拔苗助长。推进城镇化既要积极、又要稳妥、更要扎实，方向要明，步子要稳，措施要实。

会议要求，要紧紧围绕提高城镇化发展质量，稳步提高户籍人口城镇化水平；大力提高城镇土地利用效率、城镇建成区人口密度；切实提高能源利用效率，降低能源消耗和二氧化碳排放强度；高度重视生态安全，扩大森林、湖泊、湿地等绿色生态空间比重，增强水源涵养能力和环境容量；不断改善环境质量，减少主要污染物排放总量，控制开发强度，增强抵御和减缓自然灾害能力，提高历史文物保护水平。

会议要求，要以人为本，推进以人为核心的城镇化，提高城镇人口素质和居民生活质量，把促进有能力在城镇稳定就业和生活的常住人口有序实现市民化作为首要任务。要优化布局，根据资源环境承载能力构建科学合理的城镇化宏观布局，把城市群作为主体形态，促进大中小城市和小城镇合理分工、功能互补、协同发展。要坚持生态文明，着力推进绿色发展、循环发展、低碳发展，尽可能减少对自然的干扰和损害，节约集约利用土地、水、能源等资源。要传承文化，发展有历史记忆、地域特色、民族特点的美丽城镇。

会议强调，推进城镇化，要注意处理好市场和政府的关系，既坚持使市场在资源配置中起决定性作用，又更好发挥政府在创造制度环境、编制发展规划、建设基础设施、提供公共服务、加强社会治理等方面的职能；注意处理好中央和地方关系，中央制定大政方针、确定城镇化总体规划和战略布局，地方则从实际出发，贯彻落实总体规划，制定相应规划，创造性开展建设和管理工作。

会议提出了推进城镇化的主要任务。

第一，推进农业转移人口市民化。解决好人的问题是推进新型城镇化的关键。从目前我国城镇化发展要求来看，主要任务是解决已经转移到城镇就业的农业转移人口落户问题，努力提高农民工融入城镇的素质和能力。要根据城市资源禀赋，发展各具特色的城市产业体系，强化城市间专业化分工协作，增强中小城市产业承接能力，特别是要着力提高服务业比重，增强城市创新能力。全面放开建制镇和小城市落户限制，有序放开中等城市落户限制，合理确定大城市落户条件，严格控制特大城市人口规模。推进农业转移人口市民化要坚持自愿、分类、有序，充分尊重农民意愿，因地制宜制定具体办法，优先解决存量，有序引导增量。

第二，提高城镇建设用地利用效率。要按照严守底线、调整结构、深化改革的思路，严控增量，盘活存量，优化结构，提升效率，切实提高城镇建设用地集约化程度。耕地红线一定要守住，红线包括数量，也包括质量。城镇建设用地特别是优化开发的三大城市群地区，要以盘活存量为主，不能再无节制扩大建设用地，不是每个城镇都要长成巨人。按照促进生产空间集约高效、生活空间宜居适度、生态空间山清水秀的总体要求，形成生产、生活、生态空间的合理结构。减少工业用地，适当增加生活用地特别是居住用地，切实保护耕地、园地、菜地等农业空间，划定生态红线。按照守住底线、试点先行的原则稳步推进土地制度改革。

第三，建立多元可持续的资金保障机制。要完善地方税体系，逐步建立地方主体税种，建立财政转移支付同农业转移人口市民化挂钩机制。在完善法律法规和健全地方政府性债务管理制度基础上，建立健全地方债券发行管理制度。推进政策性金融机构改革，当前要发挥好现有政策性金融机构在城镇化中的重要作用，同时研究建立城市基础设施、住宅政策性金融机构。放宽市场准入，制定非公有制企业进入特许经营领域的办法，鼓励社会资本参与城市公用设施投资运营。处理好城市基础设施服务价格问题，既保护消费者利益，又让投资者有长期稳定收益。

第四，优化城镇化布局和形态。推进城镇化，既要优化宏观布局，也要搞好城市微观空间治理。全国主体功能区规划对城镇化总体布局做了安排，提出了"两横三纵"的城市化战略格局，要一张蓝图干到底。我国已经形成京津冀、长三角、珠三角三大城市群，同时要在中西部和东北有条件的地区，依靠市场力量和国家规划引导，逐步发展形成若干城市群，成为带动中西部和东北地区发展的重要增长极，推动国土空间均衡开发。根据区域自然条件，科学设置开发强度，尽快把每个城市特别是特大城市开发边界划定，把城市放在大自然中，把绿水青山保留给城市居民。

第五，提高城镇建设水平。城市建设水平，是城市生命力所在。城镇建设，要实事求是确定城市定位，科学规划和务实行动，避免走弯路；要体现尊重自然、顺应自然、天人合一的理念，依托现有山水脉络等独特风光，让城市融入大自然，让居民望得见山、看得见水、记得住乡愁；要融入现代元素，更要保护和弘扬传统优秀文化，延续城市历史文脉；要融入让群众生活更舒适的理念，体现在每一个细节中。建筑质量事关人民生命财产安全，事关城市未来和传承，要加强建筑质量管理制度建设，对导致建筑质量事故的不法行为，必须坚决依法打击和追究。在促进城乡一体化发展中，要注意保留村庄原始风貌，慎砍树、不填湖、少拆房，尽可能在原有村庄形态上改善居民生活条件。

第六，加强对城镇化的管理。要加强城镇化宏观管理，制定实施好国家新型城镇化规划，有关部门要加强重大政策统筹协调，各地区也要研究提出符合实际的推进城镇化发展意见。培养一批专家型的城市管理干部，用科学态度、先进理念、专业知识建设和管理城市。建立空间规划体系，推进规划体制改革，加快规划立法工作。城市规划要由扩张性规划逐步转向限定城市边界、优化空间结构的规划。城市规划要保持连续性，不能政府一换届、规划就换届。编制空间规划和城市规划要多听取群众意见、尊重专家意见，形成后要通过立法形式确定下来，使之具有法律权威性。

会议指出，城镇化与工业化一道，是现代化的两大引擎。走中国特色、科学发展的新型城镇化道路，核心是以人为本，关键是提升质量，与工业化、信息化、农业现代化同步推进。城镇化是长期的历史进程，要科学有序、积极稳妥地向前推进。新型城镇化要找准着力点，有序推进农村转移人口市民化，深入实施城镇棚户区改造，注重中西部地区城镇化。要实行差别化的落户政策，加强中西部地区重大基础设施建设和引导产业转移。要加强农民工职业培训和保障随迁子女义务教育，努力改善城市生态环境质量。在具体工作中，要科学规划实施，加强相关法规、标准和制度建设。坚持因地制宜，探索各具特色的城镇化发展模式。

会议强调，各级党委和政府要按照中央要求，从实际出发，锐意进取，扎实工作，齐心协力把推进城镇化工作切实抓好抓实。

会议号召，我们要紧密团结在以习近平同志为总书记的党中央周围，推进城镇化健康发展，为城乡居民带来更多福祉，为全面建成小康社会和实现中华民族伟大复兴的中国梦做出更大贡献。

——摘自《人民日报》2013 年 12 月 15 日 1 版

附录二

中央城市工作会议在京举行

中央城市工作会议 2015 年 12 月 20 日至 21 日在北京举行。中共中央总书记、国家主席、中央军委主席习近平,中共中央政治局常委、国务院总理李克强,中共中央政治局常委、全国人大常委会委员长张德江,中共中央政治局常委、全国政协主席俞正声,中共中央政治局常委、中央书记处书记刘云山,中共中央政治局常委、中央纪委书记王岐山,中共中央政治局常委、国务院副总理张高丽出席会议。

习近平在会上发表重要讲话,分析城市发展面临的形势,明确做好城市工作的指导思想、总体思路、重点任务。李克强在讲话中论述了当前城市工作的重点,提出了做好城市工作的具体部署,并作总结讲话。

会议指出,我国城市发展已经进入新的发展时期。改革开放以来,我国经历了世界历史上规模最大、速度最快的城镇化进程,城市发展波澜壮阔,取得了举世瞩目的成就。城市发展带动了整个经济社会发展,城市建设成为现代化建设的重要引擎。城市是我国经济、政治、文化、社会等方面活动的中心,在党和国家工作全局中具有举足轻重的地位。我们要深刻认识城市在我国经济社会发展、民生改善中的重要作用。

会议强调,当前和今后一个时期,我国城市工作的指导思想是:

全面贯彻党的十八大和十八届三中、四中、五中全会精神，以邓小平理论、"三个代表"重要思想、科学发展观为指导，贯彻创新、协调、绿色、开放、共享的发展理念，坚持以人为本、科学发展、改革创新、依法治市，转变城市发展方式，完善城市治理体系，提高城市治理能力，着力解决城市病等突出问题，不断提升城市环境质量、人民生活质量、城市竞争力，建设和谐宜居、富有活力、各具特色的现代化城市，提高新型城镇化水平，走出一条中国特色城市发展道路。

会议指出，城市工作是一个系统工程。做好城市工作，要顺应城市工作新形势、改革发展新要求、人民群众新期待，坚持以人民为中心的发展思想，坚持人民城市为人民。这是我们做好城市工作的出发点和落脚点。同时，要坚持集约发展，框定总量、限定容量、盘活存量、做优增量、提高质量，立足国情，尊重自然、顺应自然、保护自然，改善城市生态环境，在统筹上下功夫，在重点上求突破，着力提高城市发展持续性、宜居性。

第一，尊重城市发展规律。城市发展是一个自然历史过程，有其自身规律。城市和经济发展两者相辅相成、相互促进。城市发展是农村人口向城市集聚、农业用地按相应规模转化为城市建设用地的过程，人口和用地要匹配，城市规模要同资源环境承载能力相适应。必须认识、尊重、顺应城市发展规律，端正城市发展指导思想，切实做好城市工作。

第二，统筹空间、规模、产业三大结构，提高城市工作全局性。要在《全国主体功能区规划》、《国家新型城镇化规划（2014—2020年）》的基础上，结合实施"一带一路"建设、京津冀协同发展、长江经济带建设等战略，明确我国城市发展空间布局、功能定位。要以城市群为主体形态，科学规划城市空间布局，实现紧凑集约、高效绿色发展。要优化提升东部城市群，在中西部地区培育发展一批城市群、区域性中心城市，促进边疆中心城市、口岸城市联动发展，让中西部地区广大群众在家门口也能分享城镇化成果。各城市要结合资源禀赋和区位优势，明确主导产业和特色产业，强化大中小城市和小城镇产业协作协同，逐步形成横向错位发展、纵向分工协作的发展格局。要加强创新合作机制建设，构建开放高效的创新资源共享网络，以协同创新牵引城市协同发展。我国城镇化必须同农业现代化同步发展，城市工作必须同"三农"工作一起推动，形成城乡发展一体化的新格局。

第三，统筹规划、建设、管理三大环节，提高城市工作的系统性。城市工作要树立系统思维，从构成城市诸多要素、结构、功能等方面入手，对事关城市发展的重大问题进行深入研究和周密部署，系统推进各方面工作。要综合考虑城市功能定位、文化特色、建设管理等多种因素来制定规划。规划编制要接地气，可邀请被规划企事业单位、建设方、管理方参与其中，还应该邀请市民共同参与。要在规划理念和方法上不断创新，增强规划科学性、指导性。要加强城市设计，提倡城市修补，加强控制性详细规划的公开性和强制性。要加强对城市的空间立体性、平面协调性、风貌整体性、文脉延续性等方面的规划和管控，留住城市特有的地域环境、文化特色、建筑风格等"基因"。规划经过批准后要严格执行，一茬接一茬干下去，防止出现换一届领导、改一次规划的现象。抓城市工作，一定要抓住城市管理和服务这个重点，不断完善城市管理和服务，彻底改变粗放型管理方式，让人民群众在城市生活得更方便、更舒心、更美好。要把安全放在第一位，把住安全关、质量关，并把安全工作落实到城市工作和城市发展各个环节各个领域。

第四，统筹改革、科技、文化三大动力，提高城市发展持续性。城市发展需要依靠改革、科技、文化三轮驱动，增强城市持续发展能力。要推进规划、建设、管理、户籍等方面的改革，以主体功能区规划为基础统筹各类空间性规划，推进"多规合一"。要深化城市管理体制改革，确定管理范围、权力清单、责任主体。推进城镇化要把促进有能力在城镇稳定就业和生活的常住人口有序实现市民化作为首要任务。要加强对农业转移人口市民化的战略研究，统筹推进土地、财政、教育、就业、医疗、养老、住房保障等领域配套改革。要推进城市科技、文化等诸多领域改革，优化创新创业生态链，让创新成为城市发展的主动力，释放城市发展新动能。要加强城市管理数字化平台建设和功能整合，建设综合性城市管理数据库，发展民生服务智慧应用。要保护弘扬中华优秀传统文化，延续城市历史文脉，保护好前人留下的文化遗产。要结合自己的历史传承、区域文化、时代要求，打造自己的城市精神，对外树立形象，对内凝聚人心。

第五，统筹生产、生活、生态三大布局，提高城市发展的宜居性。城市发展要把握好生产空间、生活空间、生态空间的内在联系，实现生产空间集约高效、生活空间宜居适度、生态空间山清水秀。城市工作要把创造优良人居环境作为中心目标，努力把城市建设成为人与人、人与自然和谐共处的美丽家园。要增强城市内部布局的合理性，提升城市的通透性和微循环能力。要深化城镇住房制度改革，继续完善住房保障体系，加快城镇棚户区和危房改造，加快老旧小区改造。要强化尊重自然、传承历史、绿色低碳等理念，将环境容量和城市综合承载能力作为确定城市定位和规模的基本依据。城市建设要以自然为美，把好山好水好风光融入城市。要大力开展生态修复，让城市再现绿水青山。要控制城市开发强度，划定水体保护线、绿地系统线、基础设施建设控制线、历史文化保护线、永久基本农田和生态保护红线，防止"摊大饼"式扩张，推动形成绿色低碳的生产生活方式和城市建设运营模式。要坚持集约发展，树立"精明增长"、"紧凑城市"理念，科学划定城市开发边界，推动城市发展由外延扩张式向内涵提升式转变。城市交通、能源、供排水、供热、污水、垃圾处理等基础设施，要按照绿色循环低碳的理念进行规划建设。

　　第六，统筹政府、社会、市民三大主体，提高各方推动城市发展的积极性。城市发展要善于调动各方面的积极性、主动性、创造性，集聚促进城市发展正能量。要坚持协调协同，尽最大可能推动政府、社会、市民同心同向行动，使政府有形之手、市场无形之手、市民勤劳之手同向发力。政府要创新城市治理方式，特别是要注意加强城市精细化管理。要提高市民文明素质，尊重市民对城市发展决策的知情权、参与权、监督权，鼓励企业和市民通过各种方式参与城市建设、管理，真正实现城市共治共管、共建共享。

　　会议强调，做好城市工作，必须加强和改善党的领导。各级党委要充分认识城市工作的重要地位和作用，主要领导要亲自抓，建立健全党委统一领导、党政齐抓共管的城市工作格局。要推进城市管理机构改革，创新城市工作体制机制。要加快培养一批懂城市、会管理的干部，用科学态度、先进理念、专业知识去规划、建设、管理城市。要全面贯彻依法治国方针，依法规划、建设、治理城市，促进城市治理体系和治理能力现代化。要健全依法决策的体制机制，把公众参与、专家论证、风险评估等确定为城市重大决策的法定程序。要深入推进城市管理和执法体制改革，确保严格规范公正文明执法。

会议指出，城市是我国各类要素资源和经济社会活动最集中的地方，全面建成小康社会、加快实现现代化，必须抓好城市这个"火车头"，把握发展规律，推动以人为核心的新型城镇化，发挥这一扩大内需的最大潜力，有效化解各种"城市病"。要提升规划水平，增强城市规划的科学性和权威性，促进"多规合一"，全面开展城市设计，完善新时期建筑方针，科学谋划城市"成长坐标"。要提升建设水平，加强城市地下和地上基础设施建设，建设海绵城市，加快棚户区和危房改造，有序推进老旧住宅小区综合整治，力争到2020年基本完成现有城镇棚户区、城中村和危房改造，推进城市绿色发展，提高建筑标准和工程质量，高度重视做好建筑节能。要提升管理水平，着力打造智慧城市，以实施居住证制度为抓手推动城镇常住人口基本公共服务均等化，加强城市公共管理，全面提升市民素质。推进改革创新，为城市发展提供有力的体制机制保障。

会议号召，城市工作任务艰巨、前景光明，我们要开拓创新、扎实工作，不断开创城市发展新局面，为实现全面建成小康社会奋斗目标、实现中华民族伟大复兴的中国梦做出新的更大贡献。

——摘自《人民日报》2015年12月23日01版

附录三

《陕西省新型城镇化规划
(2014—2020)》解读

《陕西省新型城镇化规划（2014—2020）》（以下简称《规划》）全文共有8篇26章，2万多字。《规划》明确了陕西省城镇化的发展路径、主要目标、战略任务、体制机制创新和政策举措，可概括为：

一条主线：以人的城镇化为核心，以关中城市群为主体形态，构建"一核心两轴两带三走廊四极"的城镇群新格局。

"四大战略"：一是有序推进农业转移人口市民化，2015年以前全面放开建制镇和小城市落户限制，有序开放西安市以外其他设区市市辖区的落户限制；2020年之前通过设置阶梯式落户通道和差别化落户条件，逐步解决符合条件转移人口落户西安；二是优化城镇布局和形态；三是提高城市可持续发展能力；四是推动城乡发展一体化。

"五项改革"：一是改革人口管理制度；二是改革土地管理制度；三是改革完善财税体制和投融资机制；四是健全生态环境保护制度；五是推进行政区划管理创新。

构架格局篇

规划基本原则

——以人的城镇化为核心，有序推进农业转移人口市民化，提高人口素质和居民生活质量；

——以关中城市群为主体形态，推动大中小城市和小城镇协调发展；

——以综合承载能力为支撑，合理控制城市开发边界，提高现有空间利用效率，节约集约利用土地、水、能源等资源，提升城市可持续发展水平；

——传承历史文脉、提升文化内涵，彰显城市特色；

——以体制机制创新为保障，不断释放城镇化发展潜力。

4个百万人口大城市

● 百万人口大城市：宝鸡、渭南、榆林、汉中；

● 中等城市：延安、安康、商洛建设50万人口以上的地区性中心城市。加快铜川资源型城市转型步伐，支持杨凌打造世界知名的农业科技创新型城市。

城镇群新格局

● 一核心：以大西安为核心。

● 两轴：以西咸新区为引领，以陇海铁路和连霍高速沿线为横轴，以包茂高速沿线为纵轴。

● 两带：以陕北长城沿线、陕南十天高速沿线为两带。

● 三走廊：以京昆、福银、沪陕高速沿线为三条走廊。

● 四极：以宝鸡、榆林、汉中、渭南为四极。

● 布局思路：依据《陕西省主体功能区规划》提出的构建三大空间战略格局的现实要求，根据资源环境承载能力，构建科学合理的城镇化宏观布局，把城市群作为主体形态，促进大中小城市和城镇化协同发展。

12 个城镇带

● 12 个城镇带：西安—咸阳都市圈、宝鸡—杨凌—兴平、渭南—潼关城镇带、黄陵—延安—安塞、绥德—榆林—神木—府谷城镇带、榆林—横山—靖边—定边城镇带、商州—丹凤—商南城镇带、汉中盆地、月河川道城镇带、福银高速沿线城镇带、西禹高速沿线城镇带、关中西部特色城镇群。

● 案例：宝鸡—杨凌—兴平城镇带包含宝鸡市区、蔡家坡、常兴、绛帐、杨凌、武功、兴平等，采用工业化带动模式，重点发展装备制造、新材料、电子信息、现代农业、食品加工等主导产业，打造"中国钛谷"、全国重要的装备制造业基地和现代农业示范基地。

产业格局

● 大城市：重点发展先进制造业、战略性新兴产业和现代服务业；

● 中小城市：重点发展制造业、资源性产品加工业和物流业；

● 县城和重点镇：发展农副产品加工业和传统制造业，构建特色鲜明、优势互补的产业发展格局；

● 关中地区：西安、铜川、宝鸡、咸阳、渭南和杨凌六市一区范围内的部分地区，重点发展航空航天、装备制造、电子信息、新材料、生物医药、文化旅游、现代服务业、现代农业等产业；

● 陕北地区：榆林市北六县及延安市宝塔区、甘泉县的部分地区，重点发展能源（精细）化工、新能源、能源装备制造、文化旅游、农业设施等产业；

● 陕南地区：汉中市汉台区和城固县、安康市汉滨区、商洛市商州区和丹凤县的部分地区，重点发展航空制造、数控机床、新材料、现代中药、绿色食品和生态旅游等产业。

棚户区居民住房优先保障

● 住房保障：对城镇低收入和中等偏下收入住房困难家庭，实行租赁并重，提供保障性住房，满足基本住房需求。全面推行廉租住房、公共租赁住房并轨管理，逐步推行经济适用住房和限价商品房的并轨管理，优先保障棚户区居民住房需求。降低保障性住房准入门槛，将新就业大学生、外来务工人员和农村进城落户居民纳入保障范围，确保实现23％的保障面。

● 安置重点：规划将转移半市民化问题列为重点，兼顾棚户区、城中村改造居民安置，推进公共服务均等化。

要素保障篇

投融资体制改革

● 举措：通过划拨、股权收购等方式，将土地、政府优质资产等注入投融资平台，增强投融资平台实力。采用多种方式吸引社会资本参与新型城镇化建设。支持符合条件的城市建设投资开发公司采取发行债券、上市融资、发行信托计划等形式筹集建设资金。积极探索利用保险资金等支持新型城镇化建设。引导开发性金融机构与民间资金设立城镇化发展基金，支持城镇基础设施建设和运行等。

● 进展：省发改委与国家开发银行陕西分行进行了对接，希望成立专门新型城镇化投资公司，开展PPP融资试点，该公司将作为全省城镇化建设投融资平台，面向传统城投公司难以覆盖的县城、乡镇、新型农村社区和移民搬迁安置区，为道路、管线、污水垃圾处理等城镇基础设施和公共服务提升项目提供融资支持。目前，投融资公司的组建方案正在协商和制定中。

征地制度改革

——完善征地补偿办法，合理确定补偿标准，提高农民在土地增值收益中的比例。

——建立政府、社会资本和农民集体共同开发、合作共赢的机制，允许农民以经营性集体建设用地使用权通过多种方式参与开发经营。

——进一步约束和规范政府征地行为，强化对被征地农民知情权、参与权、监督权的保障。

——按照提高被征地农民在土地增值收益中分配比例的原则，建立和完善多元补偿安置机制，切实做到被征地农民生活水平不降低，长远生计有保障。

生态文明考核评价机制

● 举措：把资源消耗、环境损害、生态效益纳入城镇化发展评价体系，完善体现生态文明要求的目标体系、考核办法和奖惩机制，建立生态环境保护责任追究制度和生态破坏、环境损害赔偿制度。对限制开发区域和生态脆弱的国家扶贫开发工作重点县取消生产总值考核。

● 意义：近年来，随着城镇化的快速推进，生态环境隐患也在进一步加大，加强生态环境保护在城镇化的发展过程中具有重要意义。"对限制开发区域和生态脆弱的国家扶贫开发工作重点县取消生产总值考核"意味着我省将有多个县和县级市取消 GDP 考核。

（根据《陕西日报》等有关资料整理）

附录四

提高我省重点示范镇建设质量的若干建议①

陕西省行政学院

2011 年 3 月，省委、省政府做出了实施 31 个重点示范镇建设的重大部署，全省上下高度重视，这是我省强力推进新型城镇化、探索实现城乡一体化发展的重要突破口。经课题组深入调查研究，我省重点示范镇建设两年来取得了明显成效，但也显现出一些新问题，亟须重视加强解决，从而着力实现重点示范镇建设质的飞跃，真正起到示范带动作用，为实现"三个陕西"做出应有的贡献。

一、我省重点示范镇建设初显成效

目前，全省 31 个重点示范镇建设，累计开工及建设项目 1 387 个，累计完成投资 204.2 亿元，变化巨大，成效初现，有力地推动了我省的新型城镇化进程，为建设"三个陕西"正发挥着示范引领

① 这篇调研报告是由陕西省行政学院刘培仓、张贵孝、张首魁、李永红承担的国家行政学院陕西教学科研基地 2013 年重点项目。该课题报告 2013 年 9 月 22 日报送省委、省政府后，省委、省政府多位领导作了批示。省委书记赵正永 9 月 24 日批示："请长兴同志阅。建议值得采纳"；省长娄勤俭 10 月 7 日批示："请冠军、卫华同志阅研。分析清楚，对所提建议研究吸纳，将问题分类研究相关政策"；副省长庄长兴 9 月 28 日批示："请住建厅阅研。这个报告我看后觉得比较客观，建议比较实际，在指导重点镇建设工作中采纳这些意见"。

作用。

（一）功能定位和发展目标越来越清晰

两年多来，各地按照"城乡政策一致、规划建设一体、公共服务均等、收入水平相当"的要求，坚持"先规划、后建设"的指导思想，把重点镇规划放在首要位置，基本都编制了镇域发展总体规划，对其功能定位做出了明确规定，发展目标有了科学描述，城镇发展空间布局有了清晰划分，总体规划体现了重点示范镇各自的特色和重点。在规划指导下，各重点镇狠抓基础设施和重点项目建设，稳步招商引资，发展框架基本形成，发展目标越来越清晰。如：蓝田县汤峪镇确定了以温泉疗养、酒店会务、旅游观光于一体的山水休闲旅游型小城镇；华县瓜坡镇确定了以建设陕西东部最大的精细化工产业基地为特色的煤化工小城镇；岐山县蔡家坡镇确立了把其建设成为中国西部汽车及零部件制造基地的现代汽车工业特色小城镇。如此等等。

（二）基础设施建设与承载力越来越增强

两年来，我省确定的重点示范镇镇区面积扩大了 14.8 平方公里，尤其是新区建设大大拓展了镇区发展空间。31 个重点示范镇累计开工建设道路 201 公里，垃圾处理场 17 个，污水处理厂 16 个，学校 30 个，医院 8 个，幼儿园 18 个，文体中心 24 个，休闲广场 16 个，从而使镇区基础设施和公共服务水平不断提升，生态文明建设不断提高，综合承载能力显著增强，人居环境明显改善，有效提升了重点示范镇居民的生活水平和质量。

（三）各具特色发展模式探索越来越深入

各重点示范镇深入剖析各自的发展基础、潜在优势，因地制宜地探索各具特色的发展模式。如华县的瓜坡镇，下大力气支持陕化集团做大做强，文体中心、卫生院等公共服务基础设施围绕陕化职工需要，与陕化集团共建共享；黄陵县店头镇、交口河镇等也逐步形成了依托驻镇大型企业，实行镇企共建，共同发展。杨凌的五泉镇，既紧紧抓住现代农业示范区主产区的区位优势，将城镇化与农业现代化相融合，将农民进城与农民产业工人化相结合，又由示范区城投公司采用BT（建设—移交）模式加强镇区基础设施建设，形成自己的发展特色。富平县庄里镇多措并举整合资源，以设立的庄里发展投资有限责任公司为依托，对新区建设项目打包捆绑、融资经营，引入BT、BOT（建设—经营—转让）等方式把经营性项目推向市场。沙河子镇、恒口镇、东坑镇等镇将镇区建设与保障房建设、农民进城、移民搬迁等重点工作结合起来，快速聚集人口，做大做强产业，拉大新区骨架，提升了示范镇建设品位。

（四）示范带动效应越来越明显

重点示范镇基础设施建设、镇容镇貌改善、基本公共服务水平提升等方面所取得的成就，在全省产生了积极的示范带动效应，催发了我省新型城镇化建设的热潮。在省级重点示范镇的引领下，一批非重点镇按照省级重点示范镇"模块化规划、标准化建设"的思路，准确定位镇域功能规模，高起点编制规划，在镇域范围内统筹谋划农民生产生活设施、服务设施建设和产业发展。目前，全省89

个市级重点镇正在有序推进，有力地示范带动了全省城乡一体化的发展。

二、重点示范镇建设质量有待进一步提高

总体来看，我省重点示范镇建设扩张速度较快，成效突出，但明显粗放型的发展模式严重影响着城镇化发展质量，不利于可持续发展，亟须在城镇化质量上狠下功夫。当前，我省重点示范镇建设的主要问题是：

（一）人口城镇化滞后于土地城镇化

虽然各重点示范镇镇区面积在扩大，新区建设的框架已经显现，但土地面积的扩大并没有带来显著的人口聚集。从"人的城镇化"的要求出发，农民工人群是小城镇建设中最适合真正城镇化的人口，但这种现象目前还极少显现。土地等要素城镇化的速度明显快于人口主体城镇化的速度。

一是新区规划建设面积人口容纳量大于当地可城镇化人口。全省31个重点镇共规划了148平方公里的镇区面积，按照2015年的规划目标和每平方公里1万人来看，31个重点镇镇区人口应该达到150万人左右。从现有情况来看，这个目标实现起来困难很大。如新民镇，在新区形成了"三纵四横"主干道及功能模块建设格局，计划到2015年镇区人口5万人，但该镇域现总人口仅3.4万。关中某镇，虽然制定了相应的农民进城落户优惠政策、甚至是购房价格优惠政策，新区新建住房1 300余套，但实际仅售出260余套。

二是户籍城镇化的政策尚未真正破题。从我们看到的部分重点镇吸引农民进城落户的相关优惠政策来看，基本以在镇区购买住房的优惠政策为主，在以户籍为基础的城乡一体化发展方面较少涉及。现有的进城农民，主要指的是在镇区买房的农民，他们绝大多数没有在城镇落户。据瓜坡镇反映，估计就业人口在城镇买房定居的比例不超过10%。相当一部分买房的是30岁以下的年轻人，要么为了结婚、要么为了投资。

三是宅基地等土地流转探索不足。通过流转实现土地的集约化利用是新型城镇化的重要内容之一。目前重点镇建设，除了拆迁安置的居民，在镇域购房的农民基本上没有退出原先的宅基地，宅基地复垦基本没有涉及。承包地、自留地的流转更为滞后。

（二）产业发展滞后于城镇开发建设

城镇除了安居之外，必须具备经济功能，统筹生产与生活。有了经济功能，居民才可就业，政府才有税收，城镇才能可持续发展。经济功能的根本在于产业发展。目前，重点镇的产业发展与镇区开发建设尚不匹配，差距较大。

一是产业培育与基础设施建设不协调。目前一些重点镇在新区建设中，基础设施建设相当漂亮，但在特色产业培育、招商引资方面明显滞后，致使产业用地闲置。还有一些重点示范镇对产业的发展缺乏深入的分析和研究，产业定位不够鲜明，缺乏特色。以彬县新民镇为例，目前镇域范围的产业主要有果业、畜牧养殖、大棚蔬菜、烤烟种植，老镇区除集市贸易为主外基本没有其他产业，新区目前尚未形成产业和人口的集聚，修建的三纵四横的大马路两旁显得极为落寞。

二是非就业的城镇化困境正在形成。新型城镇化"宜居"是基础，"宜业"更是宜居的动力源泉。虽然各镇一致认为，重点镇发展的可持续性取决于因地制宜的产业发展，没有有效的产业支撑，就难以留住人。目前来看，除个别传统工业镇外，镇区产业吸纳就业能力有限。现有的重点示范镇，部分是先前的传统工业基地，受经济下滑压力的影响，这两年产业发展不够景气，新吸纳就业量较小。即使工业基础相对雄厚的重点示范镇，受传统工业产业升级和经济环境下行的影响，产业发展也相对滞后，在吸纳人口集聚方面乏力。如果产业成长能力弱，城镇化主体大多是非就业的农民，在城镇化过程中极易走入困境。

三是因地制宜的产业发展路径亟须深入探索。各重点镇要么强调农业现代化、要么强调工业化发展。现实情况是农业现代化滞后于城镇化，大部分农业现代化项目仅仅停留在农业科技示范方面，产业化仍需大面积推进。工业化发展对人口的素质要求与农民城镇化脱节。如瓜坡镇的煤化工项目，本身需要的劳动力就少，似乎与当地农民工的城镇化不相关。同时，这些产业急需的技术人才在当地又难以找到，形成了需求缺口与供给过剩并存的局面。一方面苦于难觅合适人才，一方面农民工又难以就业。

（三）老区提升改造滞后于新区建设

重点示范镇建设两年多来，可以说镇区面貌发生了翻天覆地的变化，但在建设上，"重"新镇区投入建设、"轻"老镇区提升改造，新镇区与老镇区建设不协调。

一是缺乏对新区建设和老区改造的统筹。31个重点镇在全省827个建制镇中，是基础条件较好、发展潜力较大、区域影响力较强的镇。但在重点镇建设过程中，出现了新区与老区的统筹协调不够充分的问题。如某重点镇在老区学校、医院等容量已经过剩的情况下，新区依然新建学校、医院；不少的镇在新区新建了养老院，而人口却在老区的多；某镇在新区建设了一个污水处理厂，但由于与老区的污水管网没有连接，使新建的污水处理厂难以运行。

二是重视新建项目轻视改造项目。各重点示范镇在道路、供水、供气、管网、绿化、污水和生活垃圾处理等市政基础设施，以及学校、医院、商业、文化体育场所等公共服务设施项目建设清一色位于新区。在31个镇中，只有个别镇对老区的形象进行了适度提升，重点镇建设的资金基本投入到了空地上的新建项目。

三是新区建设对老区改造存在挤出效应。受规模扩张和外部形象建设等因素的影响，重点示范镇建设投入主要集中于新区，在财力有限的情况下，老镇区本应有的投入也被挤占。不论是在基础设施改造提升、产业发展还是社会服务方面，基本都没有在老镇区投入精力，没有利用老镇区的发展基础和潜力。

（四）地下基础设施建设滞后于地上基础设施建设

在重点镇建设过程中，不同程度地存在重地上、轻地下的建设问题。特别是地下管线、污水排放等地下设施建设存在着短期行为，不符合城镇建设"先地下、后地上"的基本原则，容易造成极大的浪费和损失。如某重点镇，在已建成的能容纳上千人的小区，竟没有污水排放系统，仅在距小区不远的地方挖了一个大坑，用于生活污水排放。这种短期行为，既影响了重点镇环境面貌，也降低了人居质量。

三、提升重点示范镇建设质量的对策建议

加快重点示范镇建设，是我省推进新型城镇化的重大举措，是统筹城乡发展的战略选择。今后及较长一段时期，要提升我省重点示范镇建设质量，建议着力在以下几方面下功夫。

（一）坚持以人为本，着力推进人的城镇化

推进重点镇建设，核心是人的城镇化。关键是农民市民化，根本目的是富裕农民、造福农民。为此，一是改革户籍制度。积极开展以本地农民进镇落户原有权益可保留、当地城镇居民基本公共服务可享受、原有经济和财产权益可交易流转等为主要内容的户籍制度改革，使农民和市民一样都享有同等的公民待遇，不再让进城农民成为"两栖人"，农民工成为整个社会的"边缘人"。二是通过改善劳动与创业环境、社区管理服务、子女教育服务、医疗服务、养老服务等，吸引农村人口向中心镇集中；三是加快实现基本公共服务均等化。要着眼于促进人的全面发展，不断扩大重点镇基本公共服务覆盖范围，推进基本公共服务均等化，让农村转移人口进得来、住得下、融得进、可创业、能就业。

（二）坚持产业先行，着力培育重点镇发展经济基础

一是加大特色产业培育。推进新型城镇化，必须强化产业支撑。

有产业支撑才能有就业，有就业才能形成人气。没有产业支撑，城镇化就成了无源之水、无根之木。重点镇首先应因地制宜地编制好产业发展规划，努力培育自己的特色产业、特色产品、特色品牌，使之具备自我造血功能，具有发展动力与活力。其次应围绕确定的主导产业和支柱产业，实施"一业一策"，促使这些产业快速成长，使之成为重点镇财政收入的主要来源和解决就业的主要渠道，使重点镇真正成为人民的安居之处、乐业之地。

二是有序推动产业园区建设。在区、县（市）政府的指导下，明确产业发展方向，充分发挥自身资源优势，通过财政、金融等政策积极培育重点产业，不断扩大产业发展规模，引导企业向园区集中，以园区产业集聚推动人口集中。大力推进园区标准厂房出租制，统一建设标准化企业厂房，既可以节省大量土地、减少企业投资成本，又有利于中小企业向产业园区集聚。对一些入园企业可实行迁出地和引进地产值分列、税收分成、土地置换等配套方法，以推动重点镇产业园区的发展。

三是探索城乡产业融合新机制，促进中心镇新型产业业态生长。从中心镇比较优势出发，协同周边乡村，联合推进城乡产业融合，促进各类新型产业业态生长和农村原有产业转型升级。在不断增强重点镇产业带动能力的同时，有条件的镇还要加快发展农产品加工园区和物流商贸园区，做到相互配套、相互促进、协同发展。

（三）坚持全面统筹，切实加强重点镇规划工作

目前，重点镇总体规划已基本普及。在进一步提高总体规划质量的同时，重点镇规划还应向两头发展。一是将重点镇规划与县域

规划相融合。统筹规划，做到重点突出，一般镇跟进，农村社区相配套，形成新型城镇化格局。同时，要注意处理好重点镇与县城的关系、重点镇与一般镇及社区的关系，务必形成以重点镇为示范、一般镇相配套、经济社会全面发展的城乡一体化新格局。二是向详细规划发展。重点镇规划除了突出空间规划之外，还应突出基础设施规划、特色产业发展规划、就业规划等，以便重点镇建设能遵循"先规划后建设、先地下后地上、先产业后就业"的发展规律。

（四）坚持多元投入，破解重点镇建设中的资金难题

目前重点镇建设大多采用单纯依靠财政资金、银行贷款和土地财政来进行投融资的模式，这是不可持续的。必须合理发挥政府的规划、引导作用，改革传统的投融资体制，加强多元投资主体的培育。

一是建立重点镇发展投入机制。建立建设用地转让收益专用权。将省上给予重点镇的 1 000 亩土地指标专用于重点镇建设，并确保重点镇在建设用地转让收益中的占比。盘活土地的转让收益，可全部归于重点镇使用；新增用地的出让收入除上缴国家部分外，其余应全部返还重点镇。以财政资金为杠杆，可以组建重点城镇发展建设投资公司，作为重点镇的投融资和建设主体。以小城镇的经营性出让土地及未来收益作质押，向银行等金融机构融资，最后以土地收益归还贷款。同时，应鼓励金融机构加大对重点镇建设的支持。

二是坚持市场化方向。对重点镇供水、燃气等一定程度具备自负盈亏条件的建设项目，根据"谁投资、谁所有、谁受益"的原则，鼓励社会资金投入，支持企业和个人参与建设、经营和管理。对区

位优势明显的蔡家坡镇、汤峪镇等土地升值潜力较大的重点镇，可以将土地使用权与具体基础设施建设项目捆绑筹集建设资金。

（五）坚持体制创新，赋予重点镇政府发展自主权

一是对重点示范镇主要领导可实行职级高配增强统筹协调能力，以改变镇政府目前处于的"责大、权小、能力弱"的状况。对于大部分重点示范镇，可以按照县城的副中心来建设。赋予部分人口规模大、经济实力强的人口密集重点镇县级经济管理权限，尤其是涉及城市建设、环境保护、社会治安、市场监管和民生事业等方面的行政许可权和行政执法权。

二是建立镇级财政体制。按照责、权、利统一的原则，给予重点镇政府更大的财政自主权。按照强化重点示范镇财政自主能力的要求，结合农村综合改革，根据事权与财权相匹配的原则，逐步建立稳定、规范、有利于重点示范镇长远发展完整的、可设立金库的一级财政体制。对于像大河坎、蔡家坡等经济发展快、城镇化程度高、财政收支规模大的重点示范镇，应合理确定县、镇收入划分和支出责任，明确镇级政府仅承担与本级政府履责直接相关的各项支出，确定收入划分范围和基数，原则上将与城镇建设和社区发展直接相关的收入划为镇级专项收入，共享收入适度向镇级财政倾斜，增加镇对土地出让金、镇内行政事业收费的分享比例，加大超收奖励制度。

（六）坚持动态扶持，建立重点镇发展政策支持体系

一是实行动态扶持政策。按照重点镇建设要求出台一系列配套

扶持政策，主要涉及推进强镇扩权改革、建立专项扶持资金和加大税费扶持、强化土地保障等。调整现有的仅以土地和启动资金为主的统一扶持方式。一方面，应根据各重点示范镇的产业集聚、人口集聚和土地使用情况，分类制定相应的扶持政策，直至"一镇一策"，提高扶持政策的效力效果。另一方面，扶持政策应有动态性，与时俱进，因地制宜、因时制宜、因势制宜，切实有助于重点镇解决发展中的相关问题，不断取得更好的成效。

二是完善对重点镇的考核指标体系。现行的重点示范镇建设目标任务考核办法规定的 9 项内容，18 项指标，其中新区建设目标任务考核办法的内容和指标各占 1/3，亟待改进。建议将就业创造，特别是重点产业就业增长，农民工工资增长、"五险"参保率和市民化率，失地农民再就业率和城镇社会保险覆盖率，按城镇化常住人口计算的城市基础设施水平、公共服务能力和资源环境状况等纳入重点镇考评指标体系，综合考察重点镇的水平和质量。

附录五

陕 西 省 社 会 科 学 基 金 委 托 项 目
国家行政学院陕西教学科研基地 2015 年重点项目

深入推进我省重点示范镇建设的若干建议^①

——基于关中地区 17 个重点镇的分析

陕西省行政学院调研组

　　城镇化是现代化的必由之路，是转变发展方式、调整经济结构、扩大国内需求的战略重点，是解决农业农村农民问题、促进城乡区域协调发展、提高人民生活水平的重要途径。省委、省政府高度重视城镇化工作，"十二五"以来，围绕推进城镇化进程、统筹城乡发展，部署实施了重点示范镇建设，取得了明显成效。

一、重点示范镇建设进入统筹城乡发展新阶段

　　当前，重点镇的人口集中、产业发展、公共服务、农民生活均达到了一定水平，新型城镇化走在了全省前列，已进入统筹城乡发

---

　　① 这是陕西省社会科学基金 2015 年重点委托项目。课题报告上报省委、省政府后，省委书记赵正永作了重要批示："很好。所提的问题和建议请长兴同志、冠军同志阅研。"常务副省长姚引良批示："转长兴同志并住建厅阅研。"副省长庄长兴批示："请住建厅阅研。"《陕西省人民政府公报 2015 年 21 期》、陕西省人民政府网站刊登了调研报告的部分内容。

展新阶段，正在向品质化、特色化的更高水平迈进。

（一）城镇面貌呈现新形象

自 2011 年 3 月启动以来，省委、省政府通过专项资金引导，土地指标支持，专业人才帮扶，创新体制机制，住建厅坚持"模块化规划、标准化建设"，新区、老区、社区、园区"四位一体"，同步推进。截至目前，35 个省级重点示范镇累计完成投资 422.9 亿元，极大地改善和提升了重点示范镇的面貌。如今绝大多数重点示范镇镇区基础设施均按规划建设到位，基本公共服务设施基本达到标准化建设要求。镇区面积扩大 67.8 平方公里，吸纳进镇人口 46.8 万人，落户各类产业 994 家，提供就业岗位 24.9 万人，综合承载能力显著增强。重点镇由于建设起点高、标准优，显著地改善了城镇人居环境，大多已成为或正在成为人口集聚、产业承接和就业集中的重要基地，有力地促进了就近城镇化。

（二）产业发展呈现新格局

目前，重点示范镇镇区综合承载能力显著增强，相继建成了一批新型工业园区、现代农业园区、文化旅游园区及现代物流园区。亭口镇、柳林镇、瓜坡镇依托驻镇大型企业，实行镇企共建，共同发展；杨凌五泉镇积极扶持发展以农产品加工为主的涉农工业，带动了农民增收；阎良区关山镇建立了规模系统的甜瓜、葡萄农业园区，农业现代化水平居全省前列；眉县汤峪镇、蓝田县汤峪镇大力发展旅游、度假、商务产业，百姓就业不离乡、打工不离家。重点镇特色产业发展推动了镇区产业转型升级，提升了镇区发展质量与效益。如今，一些重点镇已成为县域经济发展和空间布局的新增长点，在县域经济社会发展中担当了"排头兵"和全省小城镇建设示范样板的作用。

（三）生产方式呈现新变化

在一些重点镇，越来越多的农民从土地里解放出来，到镇里务工。在这个过程中，重点镇的生产方式实现了两个转变：一是从单一种植粮食作物到多种经营。新民镇在狠抓粮食生产不放松的同时，果业生产和畜牧养殖发展也风生水起；二是从围着"一亩三分地"到亦农亦工亦商。以庄里工业园区为例，园区形成了以装备制造、煤化工、建材三大产业为主及物流等相关配套产业发展的工业集群，吸纳、安置当地劳动力上万人，带动当地农民人均年增收 1 500 元以上，形成了就业在城镇、居住在农村的独特景象。

（四）公共服务呈现均等化

重点镇通过基础设施配套、公共服务延伸，基本实现了城乡低保、新农合、城乡居民养老、救助等城乡一体化，保障了农民与居民享受同等待遇，推进了就地城镇化、就近居民化。以亭口镇 2012 年成立的便民服务中心为例，该中心内设新型农村社会养老保险、计划生育、婚姻登记、合作医疗、妇联、残联、法律援助等多个便民窗口；幼儿园、中小学、卫生院等公共服务设施一应俱全，使就地就近城镇化的群众在家门口就可以享受到均等的公共服务。

（五）生态环境呈现新风貌

随着重点示范镇建设的不断推进，城镇基础设施和公共服务设施的完善，城镇建设面貌的改变，使重点镇农民生产生活条件大为改善。走进凤翔县柳林镇，可以看到被柳树环绕的一条条街道，镇区中心的标准化运动场显得格外引人注目；五泉镇、瓜坡镇的居民社区内，绿树成荫，姹紫嫣红，仿佛使人置身于大城市社区之中；眉县汤峪镇则凭借其优美的太白风光，成为陕晋豫游客节假日休闲的首选之地。绝大多数重点镇都已建成与城镇规模相适应的垃圾填埋场和污水处理厂，极大地改善了镇区内的生态环境。

（六）富民惠民呈现新篇章

农民收入不断增加。在所调研的关中地区 17 个重点示范镇中，2014 年，15 个重点示范镇农民人均纯收入均突破万元大关，最高的达 1.5 万元。只有两个重点示范镇农民人均纯收入低于 1 万元，但也高于 2014 年全省农民人均纯收入 7 932 元的平均水平。农民收入结构中，第一产业收入的占比越来越小，工资性收入和财产性收入占了大头，农民人均纯收入中近 80％来自第二、第三产业。如草堂镇，农民就地城镇化后，就业收入＋房租收入＋经营收入确保进城农民能够过上体面和有尊严的生活。柳林镇、关山镇、五泉镇等重点镇通过工业园区、现代农业园区建设，大力发展劳动密集型产业，创造条件，让农村转移人口进得来、住得下、留得住、融得进、可创业、能就业，既成为城镇建设者和发展成果享受者，又成为城镇建设活力和创造力、竞争力的重要来源。

二、重点镇建设值得借鉴推广的新经验

我省重点示范镇建设，不仅取得了显著成效，也创造了许多新

鲜经验。经初步总结，突出地有如下几点：

（一）最核心的是正确贯彻了新型城镇化的好政策

自改革开放以来，中央对新型城镇化工作高度重视，先后推出一系列重大举措。我省紧跟中央部署，按照"城乡政策一致、规划建设一体、公共服务均等、收入水平相当"的要求，提出了重点示范镇"模块化规划、标准化建设"的建设思路。力争用3～5年时间，使重点示范镇初步形成县域副中心，成为农民进城落户、创业的良好平台和全省小城镇建设的示范样板。通过调研，深感重点示范镇建设受到了广大农民群众的真心拥护。在五泉镇，当我们走进一户居民家中时，宽敞的住房，屋内的家用电器应有尽有，室内装修和大城市的居民住房几乎没有什么两样。主人高兴地告诉我们："住到新社区里，跟城里人没啥区别了。家里水、电、天然气、有线电视样样齐备，看病、上学、购物都不出小区。这几年镇上变化真大，和城里比更是空气好、环境好，和原来农村比更是人气旺、繁荣热闹。"

（二）最关键的是依靠体制机制的创新

这些年，根据省委、省政府要求，一些重点镇在建设中围绕体制机制的创新进行了有益探索，积累了丰富经验。

凤翔县柳林镇——"四种方式"引导人口向镇区集中。即坚持以人为本，把"人的城镇化"作为着力点，引导人口向镇区集中。一是整合政策集中。将城乡建设用地增减挂钩、灾后重建、移民搬迁等惠民政策与柳林镇的实际相结合，通过整村整组搬迁等方式使农民进镇居住和就业。二是政策鼓励扶持。将低收入农民纳入住房保障行列，鼓励其在镇区购买廉租房和公租房，积极为其提供就业机会，并对有意在镇区自主创业的，优先享受扶贫贴息贷款等政策帮扶。三是优美环境吸引。大力实施天然气、集中供热、中小学扩建等公共设施工程，创造优美环境，努力让进镇群众享受与城市同样的基本公共服务，吸引群众进镇居住、落户。四是购房补贴支持。对在镇区购买商住房的农民，出台了购房补贴的政策性文件，给予符合条件的农民每户一定数额的购房补助，调动其在镇区居住创业的积极性。通过近几年的努力，该镇累计吸引1.2万余名农民进镇居住，汇聚了人气，为经济社会发展提供了动力。

杨凌示范区五泉镇——"三条原则"鼓励农民进城。随着农村人口持续增长，分支户越来越多，导致农村宅基地需求量不断增加。五泉镇按照户籍在本区域内、有进城意愿和属于分支户三条原则，鼓励其在五泉镇新建社区内购买住房。政府为其在购房、供暖和物业管理等环节提供优惠政策，把属于新建宅基用地指标集中起来，既节约了土地资源，又达到了鼓励和吸引农民进城的目的。

长武县亭口镇——建设农村新型社区提前治理塌陷区。煤矿塌陷区的治理问题是困扰资源富集区发展的一个重要问题。长武县亭口镇未雨绸缪，提早进行治理。坚持规划引领，精心编制了9个新型农村示范社区建设规划，确保这些社区不因为发展而成为未来的煤矿塌陷区。同时与企业合作，启动实施了将距镇区较近的压煤区搬迁村整体搬迁到亭口镇3个社区建设。目前，冯家社区已建成群众新居32户；柴厂社区118户群众新居全面动工，72户主体已经完工；宇家山社区新居已开工建设。随着这些基础设施配套齐全、基本公共服务方便、居住环境优美的社区的建成，将会极大地改善群众的生产生活条件。

阎良区关山镇——实行"共建机制"助推重点镇建设。即采取镇园共建模式建设镇区和关山产业园。以关山镇为建设主体，由区级相关职能部门对口承建，项目建设采取"一事一报"机制，各部门结合各自职能，积极为重点镇建设争取上级项目、资金支持，并按照职能全力实施各自承担项目，取得了很好的效果。

眉县汤峪镇——用景区管委会体制推动重点镇建设。成立太白山旅游景区管理委员会，作为重点示范镇的建设实施单位，代管汤峪镇的有关工作。管委会下设党政综合办公室、规划建设局、发展招商局、社会事业局、综合管理局、国土分局、财政分局。这样的机构设置和职能调整，有利于重点镇建设各项工作的统一协调和运作，有利于重点镇建设与旅游产业发展相结合，更有利于重点镇建设的顺利推进。

彬县新民镇——实施城乡基本公共服务均等化策略。充分发挥政府作用，合理配置基本公共服务资源，推进城乡基本公共服务均等化走在重点镇建设的前列。一是建立适应新型城镇化要求的基本公共服务标准体系。建立保障有力、满足运转需要的公共财政投入保障机制，建立民主决策、民主评议、民主监督的公共服务管理体制，形成覆盖全程、综合配套、便捷高效、城乡统一的社会化公共服务体系。二是合理配置基本公共服务资源。建立城乡义务教育均衡发展机制，优秀师资配备向农村倾斜。建立城乡居民方便共享的公共卫生和基本医疗服务体系，鼓励医务人员向农村流动，让农民得到基本公共服务的实惠。

华县瓜坡镇——鼓励民营企业投资城镇基础设施建设。为了解决重点镇基础设施建设资金短缺问题，瓜坡镇通过市场化运作方式吸引民营企业参与，按照"谁投资、谁所有、谁受益"的原则，将新建镇区内供水、供暖实行政府特许经营模式，由民营企业来承担。政府按照公共性和公益性的要求，做好监管和服务。同时与企业紧密合作，支持陕化集团的住宅小区落户镇区。镇区的污水处理与陕化集团实现了共治共享，形成了城乡一体化的污水治理系统。

（三）最根本的是建立了一套务实管用的推进机制

为扎实有效推动重点示范镇建设，省政府成立了省重点示范镇建设工作领导小组，领导小组办公室设在省住建厅。按照领导小组的要求，对重点示范镇建设工作实施年度目标责任考核。重点示范镇建设工作情况实行"月通报、季讲评、年中观摩、年底考核奖励"。按月汇总通报各镇建设工作进展情况，并抄送省、市、县（市、区）各级人民政府及相关部门。每年召开一次年度全省小城镇建设先进镇表彰会，由省政府授予 10 个重点示范镇为"年度省级重点示范镇建设先进镇"称号。对重点示范镇建设先进镇，各奖励 100 万元。同时省政府决定，对原来给予每个重点示范镇每年 1 000 万元的建设资金按照"以奖代补"的原则，利用年初预留的每镇 300 万元奖补资金分 5 类予以发放，排名 1～5 位的，每镇奖补 500 万元；排名 6～10 位的，每镇奖补 400 万元；排名 11～21 位的，每镇奖补 300 万元；排名 22～26 位的，每镇奖补 200 万元；排名后 5 位的，每镇奖补 100 万元。使有限的资金发挥了更大作用。在重点镇建设中，实行项目清单管理，建立巡查制度，逐月督查通报，逐项落实消号。一系列务实的推进机制，有力地推进了重点示范镇的建设。

（三）重点示范镇建设中亟待解决的制约因素

全省重点示范镇建设虽然取得了很大成绩，为进一步发展奠定了良好基础，但也还存在一些亟待解决的制约因素。

（1）产业支撑与产镇融合不相适应。一些城镇，如五泉镇、眉县汤峪镇、蓝田汤峪镇、庄里镇和新民镇，由于已经形成了特色产业，产业园区已具规模，经济社会发展就快，对转移人口的吸引能力就强。而有些重点镇还没有做到根据产业发展的支撑能力和就业岗位的增加可能，引领城镇化进程。有少数重点镇目前形成的产业还难以支撑镇域经济的发展，需要加大加快培育产业体系。尽管各重点镇都制定了产业发展规划，但在招商引资、产业选择等方面，由于受经济下行大环境的影响，还存在很多不确定性。还有较少重点镇由于基础设施条件相对较差，产业配套能力不足，在短期内难以形成有竞争力的产业体系。由于产业基础薄弱，也就不能创造稳定的就业，吸引不了人口聚集，生产和服务功能就难以持续培育和发挥，重点镇的建设和发展必然缺少内在动力和有效支撑。没有产业支撑的城镇化是不可持续的，缺乏强劲产业发展支撑的城镇化发展也会趋于迟缓。

（2）地紧钱缺是制约发展的主要瓶颈。调研中发现，土地指标不足和建设资金短缺是所有重点镇建设面临的普遍问题。但具体到每个镇，情况又各有不同。一些地理位置优越、经济发展快的重点镇，如草堂镇、蓝田汤峪镇最大的瓶颈制约是缺"地"；而一些地理位置较差、经济发展较慢的重点镇，如韩城芝川镇最大的瓶颈制约是缺"钱"。地从何处出？钱从哪儿来？这两个问题在重点镇建设中表现得尤为突出。有的重点镇新区建设规模过大，使新区面积大大超过老区面积，浪费了宝贵的土地资源，资金缺口更大。有的新区的"新"不是真正意义上的"新"，它们没有和原来的老镇区形成相互支撑、互为补充的局面。这种现象造成了严重的设施重复建设和资源浪费，给地方政府的财政、管理等增加了新的负担。

（3）人口集中与重点镇规模不相适应。与新区建设形成鲜明对比的是一些重点镇的人口数量偏小。目前，在我们所调研的关中 17 个重点示范镇中，镇区人口超过 10 万的有 1 个；过 4 万人的有 3 个；过 3 万人的有 1 个；过 2 万人的有 4 个；过 1 万人的有 8 个。其中，真正意义上的中心镇区人口规模偏小，造成已建成基础设施的浪费和低效利用。以新建住房为例。17 个重点镇中，新建住房入住率超过 70％的有 3 个；超过 60％的有 3 个；超过 50％的有 1 个；超过 40％的有 1 个；超过 30％的有 3 个；超过 20％的有 1 个；低于 20％的有 5 个。这种状况不利于商业、教育、医疗、餐饮、娱乐等服务设施和功能的进入和壮大，难以形成持续扩大和升级的消费需求和服务需求，造成了重点镇区人气和商气不足。

（4）基本公共服务还不能满足公众需求。调研中发现，重点镇的基本公共服务直接关系到民生的改善，有几个问题亟须引起重视。一是农民就业的渠道还很有限，现有的职业技能培训针对性还不强，农村劳动者素质亟待提高。二是在基础教育方面，虽然绝大多数重点镇幼儿园、小学、中学和医院的设施大为改观，但优秀的教师和医生人数不足，教育资源和医疗资源城乡差距仍较大。三是在社会保障方面，重点镇新农合虽然已经全覆盖，但门诊报销比例低，一些慢性病患者医疗负担重。60岁以上老人养老保障标准还比较低。一些重点镇按城镇职工标准缴纳养老保险的人数较少。

上述制约因素仅是我省重点镇建设发展中的问题，属于发展中难以避免的"烦恼"，应当坚持在发展中加以妥善解决。

四、对重点示范镇未来发展的几点建议

从一定意义上讲，重点示范镇的发展实践是改革开放以来我省新型城镇化的一个缩影。在"四个全面"的战略布局下，重点示范镇未来发展的路子怎么走？有待进一步深入探讨。为此，我们建议：

（一）强化产业支撑，夯实基础推进产镇融合

要突出"特"字，发展最有基础、最具潜力、最能成长的特色产业，打造出独特的产业生态。一是因地制宜突出特色。重点镇的产业发展必须从各地实际出发，以市场需求为导向，构建融合现代农业、现代工业、现代服务业为一体的城镇化特色产业体系，带动人气、商气、财气集聚，有效推进农业转移人口市民化，杜绝城镇"有城无业"现象。二是加大招商引资力度。通过以商招商、委托招商等方式，积极承接先进地区产业转移，招引大项目、好项目。三是加快重点镇园区建设。进一步完善园区建设规划，科学确定园区建设空间布局和发展规模，促进生产要素集聚，提高产业集中度，把园区打造成为产业发展的平台。四是注重项目推进。要高度重视项目前期和项目落地工作，在凸显企业作为项目实施主体地位的同时，政府要在项目策划、规划设计、手续报批、征地拆迁、招商选

资、安置建设、公共配套等方面做好支持引导和服务保障工作，围绕明确建设进度、落实开工项目、筹措建设资金三大重点加快项目建设，以求落地落实。

（二）完善功能配套，提升城镇综合承载能力

完善重点镇功能，做优人居环境，彰显镇域特色。通过产业引导和人口集聚，把重点镇建成生产要素集聚发展和承载农村人口转移的直接区域，继续加大基础设施和社会服务设施建设力度，鼓励重点镇建设成为既具有相应人口规模和经济实力，又具有各自风貌和特色的小城市。对于公共服务设施的建设，比如医院增加床位数，不能再按照以往由农村人口总数来核定增加数，应交由地方政府根据实际情况自主决定。建议发改、财政等部门在实施城镇污水配套管网三年改造工程中加大对重点小城镇项目的倾斜。将重点小城镇基础设施和公共服务设施建设项目纳入陕西省新型城镇化投资基金支持范围。加快社会管理创新和社会事业发展，为企业和居民提供"一站式"服务。建立镇管执法、园林绿化、卫生保洁、污水处理、路灯管理多位一体的"大镇管"体制，不断提高公共管理和服务功能。

（三）坚持笃行务实，问题导向破解发展难点

一是进一步完善增减挂钩政策，促进土地资源优化配置和集约节约利用。重点镇建设应坚持集约节约利用土地，在耕地数量不减、质量不降的前提下，按照党的十七届三中全会曾提出的，允许土地的占补平衡在省域范围内进行。让经济发展快的重点镇能够得到更

多的土地支持，发展慢的重点镇能够得到大中城市的资金支持，让农民分享城镇化的红利。二是加大资金扶持力度。建议省政府把省级财政给予每镇每年1 000万元资金专项支持再延长五年，但要按照重点镇常住人口数量和吸纳转移人口规模确定支付标准，从而加强重点镇为进城农业转移人口提供公共服务的财力保障，进而形成激励吸纳外来人口的长效机制。同时要增强重点镇的融资能力。推动成立小额贷款公司、投融资公司等投融资平台。要制定税费优惠政策，鼓励引导金融机构加大对重点镇的信贷投放，在重点镇设立分支机构。三是完善项目支持政策。对重点镇产业、基础设施、社会事业项目，优先安排。通过减免费用、优化服务，鼓励社会资金投入，支持企业和个人参与重点镇建设、经营和管理。

（四）注重绿色发展，不断提高城镇发展质量

坚持内涵式发展，提高建设标准，注重建设品质，杜绝"今天建、明天拆"，不给后人留下包袱和遗憾。一是突出重点镇建设风格风貌。每个重点镇都应有自己的建筑风格特色，防止"千镇一貌"，毫无特色可言。二是切实保障建筑品质。严格规范住房建设标准，规范建筑基本程序，狠抓建筑质量和施工安全。提高建筑设计水平，执行新建住宅建筑节能标准，推广亭口镇柴厂社区新建住房外墙保温技术，建设"百年住宅"。三是完善配套设施。积极创造条件，逐步推广应用管道天然气、太阳能，不断提高城乡居民生活水平。四是加大环境整治。实施重点镇和旧村庄改造提升，扎实开展环境综合整治，切实改善城乡环境面貌。

（五）推进城乡一体，实现基本公共服务均等化

在城乡一体化框架下重新定位城镇化，特别是要进一步减小城乡居民在医疗、教育、养老等方面的差距，实现公共服务均等化。政府是公共产品的主要提供者，必须大力提升重点镇公共服务水平。一是要守住底线。就是满足镇区广大居民群众最基本的生活要求，切实做到学有所教、病有所医、老有所养、住有所居。现阶段应采取特殊优惠政策，积极推动优质基础教育和医疗资源，特别是人才资源向重点镇区域配置，为人口集中居住提供优质基础教育和医疗资源的支撑。完善包括养老、低保、优抚等在内的社会保障体系，真正实现"人的城镇化"。二是要规则公平、机会均等。具体到城乡关系上，就是要确保进城农民都能够与城市居民平等地享有接受教育、参与市场竞争和社会生活的权利。三是要量力而行、尽力而为。应当首先搞清楚我们只能做什么、只能做好什么，从能够办得到的、办得好的事情做起。从解决重点镇居民需求最迫切的事情抓起，积极稳妥地推进城乡公共服务均等化。

（调研组成员：刘培仓　张贵孝　李永红　张娟娟）

二〇一五年九月二十三日

后 记

　　《新型城镇化在红色照金》是在陕西省行政学院 2014 年重点调研课题《新型城镇化的"照金经验"值得推广》的基础上编写而成的。《新型城镇化的"照金经验"值得推广》研究课题完成上报陕西省委、省政府后，陕西省委、省政府主要领导分别做出了重要批示。中共陕西省委办公厅《陕西信息》将此调研报告上报中共中央办公厅。陕西省人民政府办公厅《要情通报》《陕西省人民政府公报》和《陕西日报》分别刊登了这个调研报告。新型城镇化的照金样本也引起了全社会的广泛关注。

　　本书由张贵孝、杜正艾担任主编，负责书稿的组织编写、写作提纲的起草和全书统稿工作。由李永红（陕西省行政学院）、张首魁（陕西省行政学院）、刘恩东（国家行政学院）担任副主编，负责书稿撰写中的调研、组织、协调等工作。本书编写的主要分工为：姚文琦（中共陕西省委党史研究室）撰写第一章，张首魁撰写第二章、第三章，李永红撰写第四章、第六章、第八章，张娟娟（陕西省行政学院）撰写第五章、第七章。

　　在本书编写过程中，得到了国家行政学院、中共陕西省委党史研究室、铜川市委组织部、陕甘边革命根据地照金纪念馆等有关部门领导以及专家学者的大力支持。国家行政学院教务部刘恩东处长对本书的出版给予了大力支持和指导，陕西教育学院万生更教授、铜川市委党校陈建宏教授、中共铜川市耀州区委宣传部部长焦毅同志提供了自己的一些研究成果，并提出了宝贵的修改意见。李海舟同志做了大量事务性工作。此外，本书还参考引用了中央和陕西主流媒体的相关报道。在此，谨对所有给予本书帮助支持的单位和同志表示衷心感谢。

本书不当之处在所难免，敬请广大读者批评指正。

编　者

2015 年 12 月